教科書ワーク
もくじ

光村図書版
かん字1ねん

【イラスト】久保田彩子、坂道なつ

ひらがな・かたかなの　れんしゅうを　しよう

きほんのワーク

あいうえお・アイウエオ

あ　あ

い　い

う　う

え　え

お　お

あひる　あさ

いぬ　いるか

うま　うみ

えき　えんとつ

おに　おやこ

ア　ア

イ　イ

ウ　ウ

エ　エ

オ　オ

べんきょうした日

月　日

かきじゅん　1　2　3　4　5

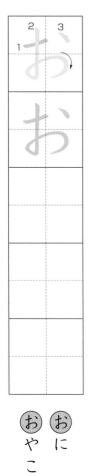

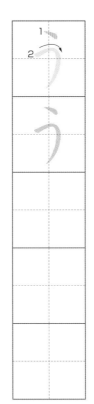

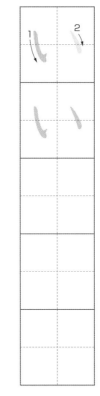

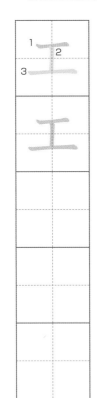

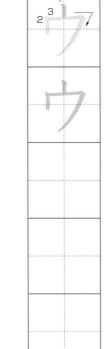

ひらがな・かたかなの　れんしゅうを　しよう

きほんのワーク

かきくけこ・カキクケコ

べんきょうした日
月　日

か　か
き　き
く　く
け　け
こ　こ

かえる
しか

きつつき
かき

くま
つくえ

けいと
とけい

ことり
こま

カ　カ
キ　キ
ク　ク
ケ　ケ
コ　コ

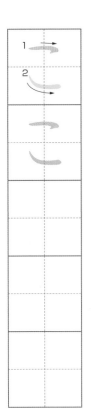

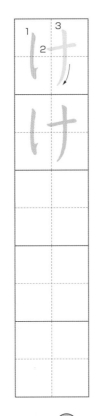

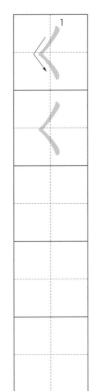

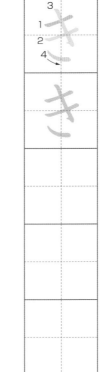

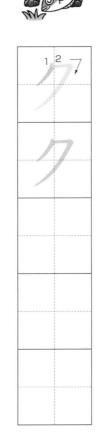

きほんのワーク

さしすせそ・サシスセソ

さ さ

さんま

かさ

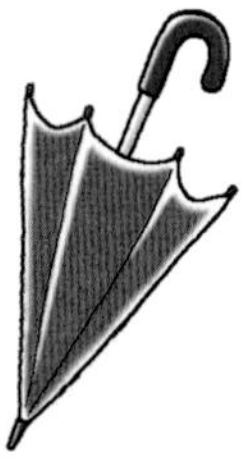

し し

しまうま

はし

す す

すいか

ふんすい

せ せ

せなか

せみ

そ そ

そら

そり

サ サ

シ シ

ス ス

セ セ

ソ ソ

べんきょうした日

月　日

かきじゅん 1 2 3 4 5

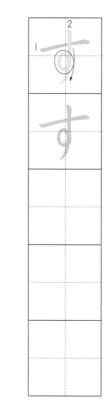

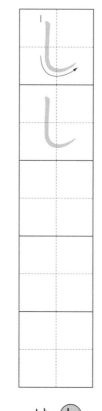

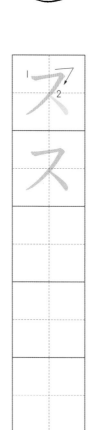

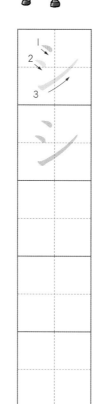

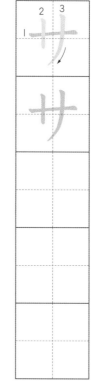

ひらがな・かたかなの　れんしゅうを　しよう

きほんのワーク

たちつてと・タチツテト

べんきょうした日　月　日

た た

たこ
ほたる

ち ち

はち
ちくわ

つ つ

つみき
くつ

て て

て
こうてい

と と

とら
ふとん

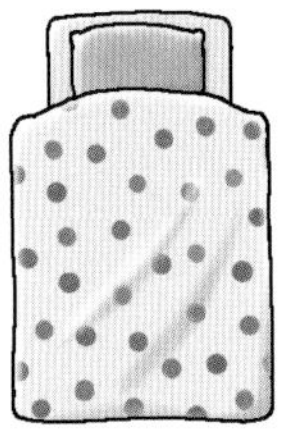

タ タ

チ チ

ツ ツ

テ テ

ト ト

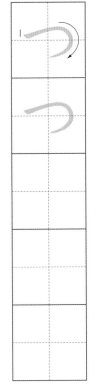

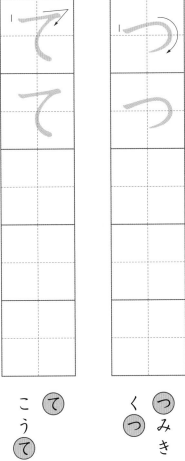

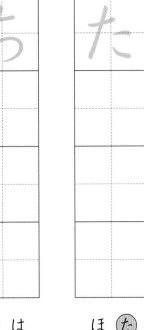

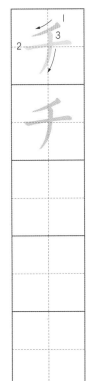

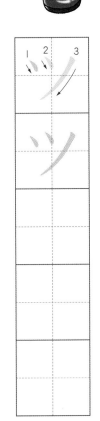

ひらがな・かたかなの れんしゅうを しよう

きほんのワーク

なにぬねの・ナニヌネノ

べんきょうした日

月 日

な な

に に

ぬ ぬ

ね ね

の の

なまえ

なのはな

にわとり

かに

ぬりえ

たぬき

ねこ

きつね

のり

きのこ

ナ ナ

ニ ニ

ヌ ヌ

ネ ネ

ノ ノ

かきじゅん 1 2 3 4 5

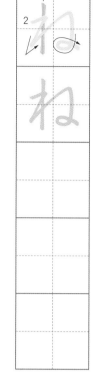

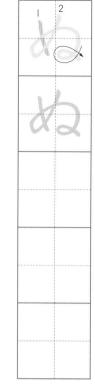

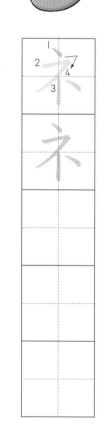

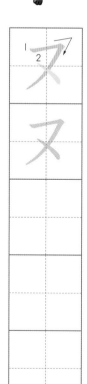

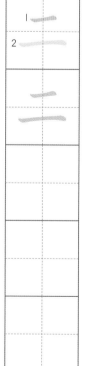

ひらがな・かたかなの　れんしゅうを　しよう

きほんのワーク

はひふへほ・ハヒフヘホ

は　は

ひ　ひ

ふ　ふ

へ　へ

ほ　ほ

はな
はと

ひまわり
ひよこ

ふうせん
ふね

へちま
へそ

ほし
えほん

ハ　ハ

ヒ　ヒ

フ　フ

ヘ　ヘ

ホ　ホ

べんきょうした日

月　日

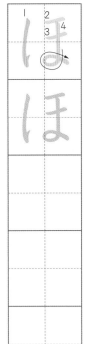

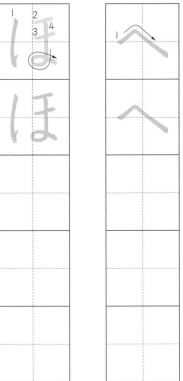

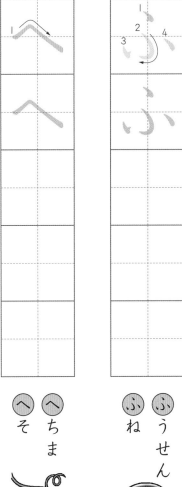

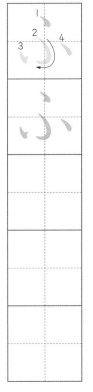

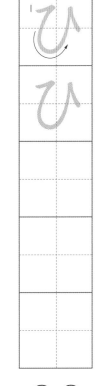

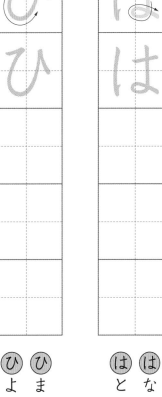

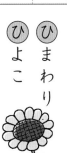

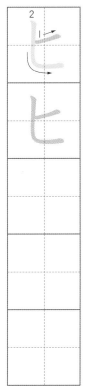

きほんのワーク

まみむめも・マミムメモ

ま　ま

み　み

む　む

め　め

も　も

まめ

まくら

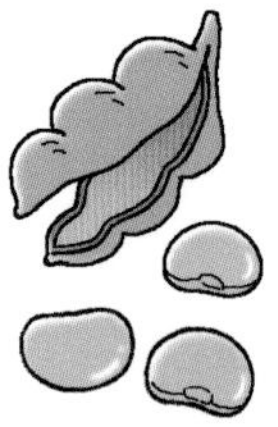

みみ

みかん

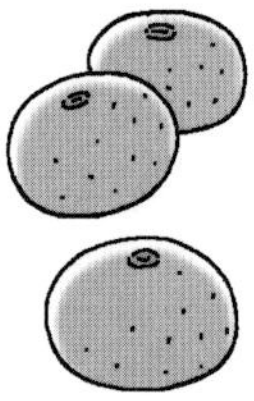

むし

かたつむり

おひめさま

ゆめ

もり

かもめ

マ　マ

ミ　ミ

ム　ム

メ　メ

モ　モ

べんきょうした日　月　日

かきじゅん　1　2　3　4　5

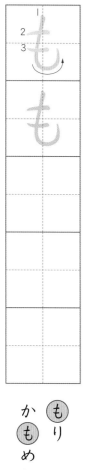

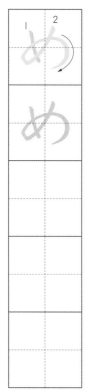

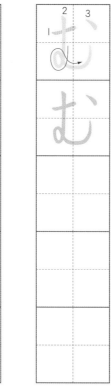

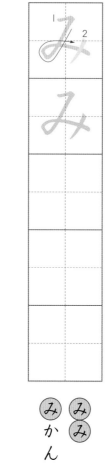

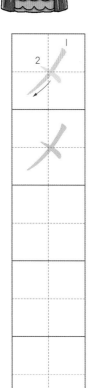

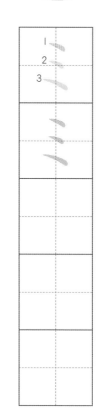

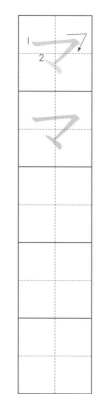

ひらがな・かたかなの れんしゅうを しよう

きほんのワーク

やゆよ・ヤユヨ

や ゆ よ

や ゆ よ

やま

やさい

ゆき

ゆうひ

よる

ようふく

ヤ ユ ヨ

ヤ ユ ヨ

ていねいに
かこうね。

べんきょうした日

月　日

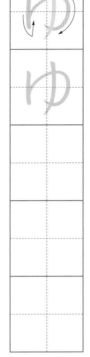

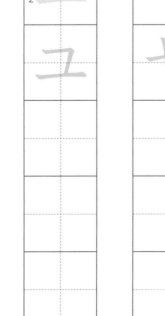

ひらがな・かたかなの　れんしゅうを　しよう

きほんのワーク

らりるれろ・ラリルレロ

ら　ら

り　り

る　る

れ　れ

ろ　ろ

らくだ
さくら

りす
あり

さる
くるま

すみれ
あられ

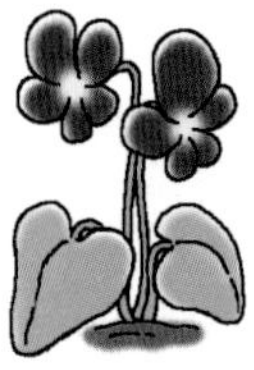

ろうか
せんろ

ラ　ラ

リ　リ

ル　ル

レ　レ

ロ　ロ

べんきょうした日
月　日

かきじゅん　1　2　3　4　5

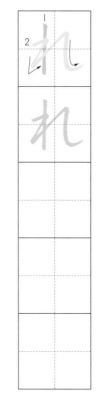

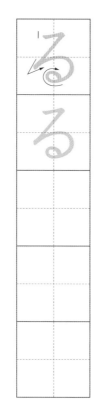

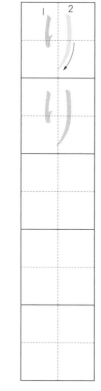

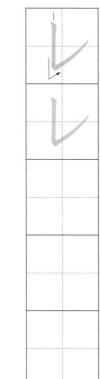

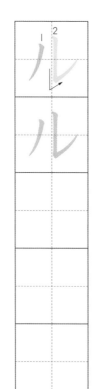

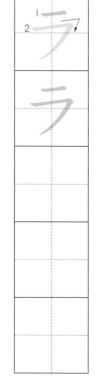

ひらがな・かたかなの　れんしゅうを　しよう

きほんのワーク

わをん・ワヲン

わ　わ

を　を

ん　ん

わに

かわ

じを　かく

めを　みる

やかん

きりん

ワ　ワ

ヲ　ヲ

ン　ン

じょうずに　かけるように
なんども　れんしゅうを
しようね。

べんきょうした日

月　日

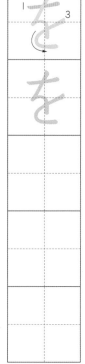

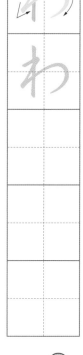

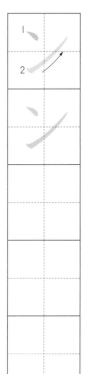

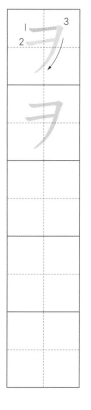

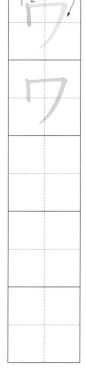

きほんのワーク

にて いる もじ

こたえ 1ページ

べんきょうした日
月 日

1 えを みて、□に あう じを かきましょう。

い □

か □

□ □ □

こ

に

んこん

2 えに あう ことばを えらんで、――せんで むすびましょう。

①  ・ ・ はし

②  ・ ・ ほし

③  ・ ・ かき

④  ・ ・ かさ

きほんのワーク

てんの つく もじ

こたえ 1ページ

べんきょうした日
月 日

1 てん゛が つくと、ことばが かわります。つぎの えを みて、なまえを □に かきましょう。うすい じは なぞりましょう。

①  さる ―  □□

② 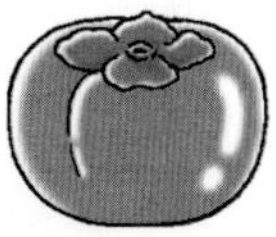 かき ―  □□

③  まと ―  □□

2 えを みて、てん゛の つく じを □に かきましょう。

① 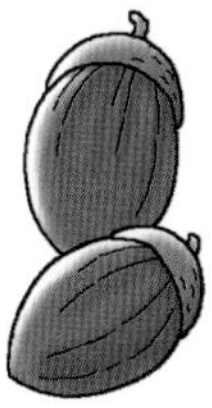 □ん□り

②  □んわ

③  め□か

④  にん□ん

⑤  とん□

きほんの ワーク

まるの つく もじ

こたえ 1ページ

べんきょうした日 月 日

1 ちがいに きを つけて、□に あう てん゛や まる゜の つく じを かきましょう。

(1)

① 

たん□

② 

たん□□

(2)

① 

□んち

② 

□んぎん

2 えを みて、まる゜の つく じを □に かきましょう。

① 

えん□つ

② 

てん□ら

③ 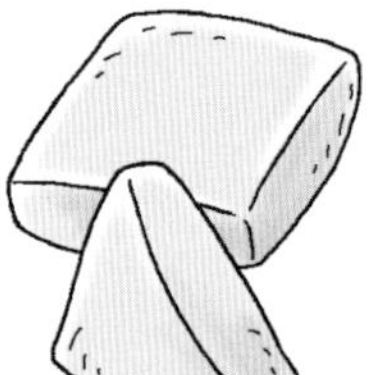

はん□ん

④ 

さん□

きほんのワーク

のばす「あ・い・う・え・お」の つく ことば

こたえ 1ページ

べんきょうした日
月 日

1 えを みて、ただしい かきかたに ○を つけましょう。

① 
あ（　）とけい
い（　）とけえ

② 
あ（　）ひこうき
い（　）ひこおき

③ 
あ（　）せんせえ
い（　）せんせい

④ 
あ（　）おねいさん
い（　）おねえさん

⑤ 
あ（　）ぼうし
い（　）ぼおし

2 かぞくの ひとの よびかたを かきましょう。

① おか□さん
② おと□さん
③ おば□さん
④ おじ□さん
⑤ おと□と
⑥ いも□と
わたし

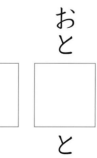

きほんの ワーク

しりとりあそび

こたえ　2ページ

べんきょうした日
月　日

1 えに　あう　ことばを　かいて、しりとりを　しましょう。うすい　じは　なぞりましょう。

2 えに　あう　ことばを　かいて、しりとりを　しましょう。うすい　じは　なぞりましょう。

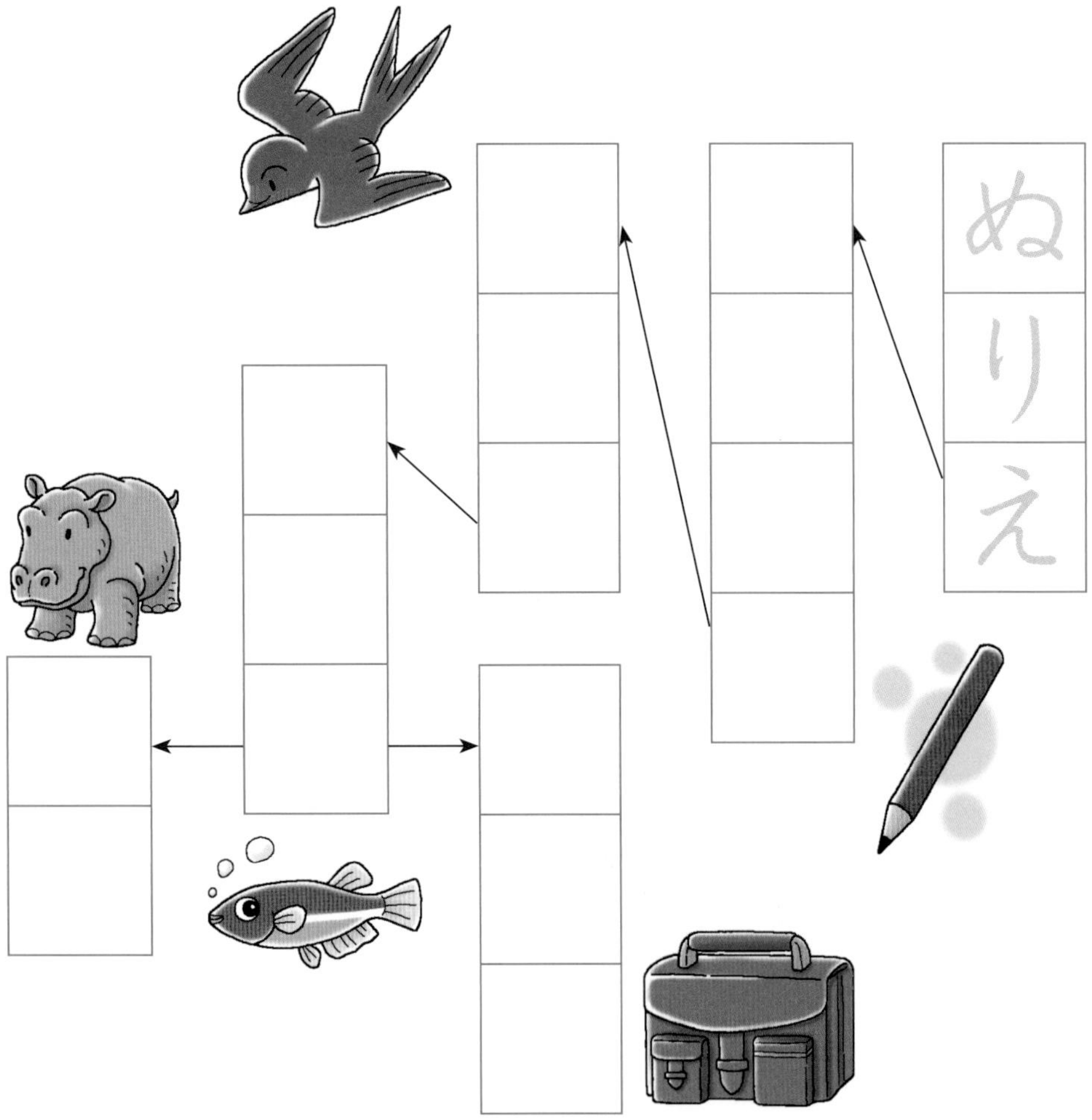

きほんのワーク

ちいさい「っ」の つく ことば

こたえ 2ページ

べんきょうした日 月 日

1 えに あう ことばを えらんで、——せんで むすびましょう。

(1)

① 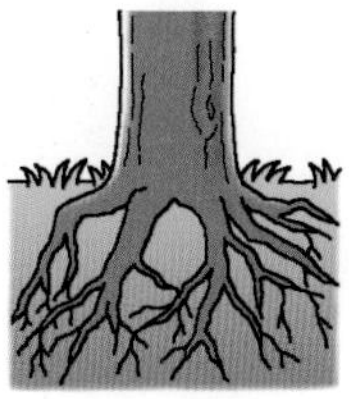 ・　・ねこ

②  ・　・ねっこ

(2)

①  ・　・まくら

②  ・　・まっくら

2 えを みて、なまえを かきましょう。

① 

② 

3 つぎの ぶんの なかで、ちいさく かく じを ○で かこみましょう。

きつねと たぬきが
はらっぱで
かけっこを しました。

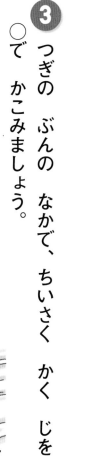

きほんのワーク

ちいさい「ゃ・ゅ・ょ」の つく ことば

こたえ 2ページ

べんきょうした日　月　日

1 えに あう ことばを えらんで、──せんで むすびましょう。

(1)

①  ・　　・びよういん

② 

・　　・びょういん

(2)

①  ・　　・いしや

②  ・　　・いしゃ

2 えを みて、ただしい かきかたに ○を つけましょう。

① 

あ（　）でんしや
い（　）でんしゃ

② 

あ（　）ちょうちょ
い（　）ちようちよ

3 えを みて、□に あう じを かきましょう。

① 

ぎ□うに□う

②  きんぎ□

③  じてんし□

きほんのワーク

「わ」と「は」、「お」と「を」、「え」と「へ」

こたえ 2ページ

べんきょうした日　月　日

1 ただしい ほうに ○を つけましょう。

1
- あ（　）がっこうへ いく じかんです。
- い（　）がっこうえ いく じかんです。

2
- あ（　）ねこお かって います。
- い（　）ねこを かって います。

3
- あ（　）ぼくは いちねんせいです。
- い（　）ぼくわ いちねんせいです。

4
- あ（　）おりがみで つるを おる。
- い（　）おりがみで つるお おる。

2 つぎの □に、あう ほうの じを かきましょう。

1 おね□（え・へ）さんと いっしょに、こうえん□（え・へ）あそびに いきました。

2 おとうさん□（わ・は） しんぶん□（お・を） よんで います。

3 に□（わ・は）で □（お・を）にごっこ□（お・を） して あそびました。

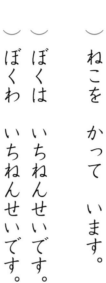

きほんのワーク　やくそく　うみの　かくれんぼ

きょうかしょ　上 102〜117ページ

こたえ　2ページ

べんきょうした日　月　日

やくそく

木

はらう　はらう　とめる

よみかた
ボク　モク
き　こ

◆「よみかた」の　あかい　じは　きょうかしょで　つかわれて　いる　よみです。

★ 一 十 才 木

4かく

102ページ

つかいかた

さくらの　大木《たいぼく》。
おおきな　木《き》が　ある。
木《こ》かげで　やすむ。

よんで　みよう、かいて　みよう。

① たかい　木。（　　）
② 木の　えだ。（　　）
③ □《き》を　うえる。
④ □《き》を　きる。

うみの　かくれんぼ

大

はらう

よみかた
ダイ　タイ
おお　おおきい　おおいに

★ 一 ナ 大

3かく

114ページ

つかいかた

大《だい》うんどうかい。
大《おお》よろこびする。
こえが　大《おお》きい　ひと。

よんで　みよう、かいて　みよう。

① 大きい　いぬ。（　　）
② 大きな　くも。（　　）
③ おとが　□《おお》きい。
④ □《おお》きな　かわ。

かきじゅん　1　2　3　4　5　まちがえやすいところ…★

小

とめる
はらう
はねる

116ページ

よみかた

ショウ
ちいさい
こ
お

小 小 小

3かく

小
小

つかいかた

小《しょう》がっこうに　かよう。
小《ちい》さく　きる。
小《こ》とりの　さえずり。
小《お》がわの　ながれ。

できかた

ちいさな　みっつの　てんの　かたちから　できました。

はんたいの　いみの　ことば
小《ちい》さい　↕　大《おお》きい

よんで　みよう、かいて　みよう。

① おとが　（　　）小さい。

② （　　）小さな　み。

③ □《ちい》さい　いし。

④ てが　□《ちい》さい。

にかいずつ　かいて　れんしゅうしよう

木のした
大きい
小さい

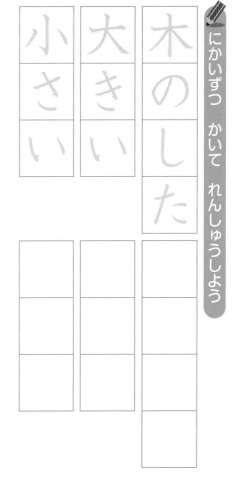

れんしゅうのワーク　やくそく　うみの　かくれんぼ

きょうかしょ　㊤102～117ページ
こたえ　2ページ
べんきょうした日　月　日

1　あたらしい　かんじを　よみましょう。

① 102ページ　おおきな（　）木。

② 112ページ（　）大きい　はまぐり。

③ はさみで（　）小さく　きる。

④（　）木のぼりを　する。

⑤ じを（　）大きく　かく。

⑥（　）小さな　むしが　いる。

2　あたらしい　かんじを　かきましょう。

① 102ページ　いちょうの　□《き》。

② 112ページ　□《おお》きい　かばん。

③ □《ちい》さくて　しろい　はな。

3　もういちど　あたらしい　かんじを　かきましょう。

① □《おお》きな　みずうみ。

② かれた　□《き》を　きる。

③ □《ちい》さい　ねこ。

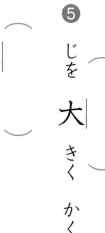

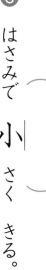

きほんのワーク かずと かんじ

きょうかしょ ㊤118〜121ページ

こたえ 2ページ

べんきょうした日　月　日

かずと かんじ

一　とめる

よみかた
イチ（イッ）　イツ
ひと　ひとつ

★一

1かく

118ページ

つかいかた

一《いち》まいの　おりがみ。
つかれたので　一《ひと》やすみする。
りんごを　一《ひと》つ　かう。

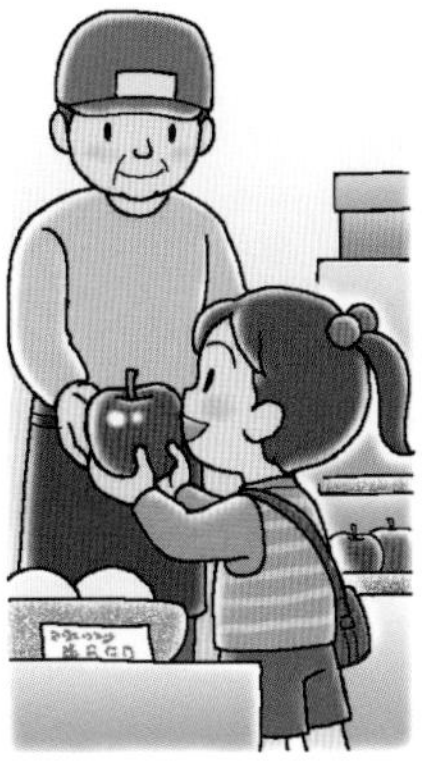

よんで　みよう、かいて　みよう。

①　一（　　）とうしょう。

②　一（　　）つの　ボール。

③　□《いち》ねんせい。

④　□《ひと》つに　まとめる。

◆「よみかた」の　あかい　じは　きょうかしょで　つかわれて　いる　よみです。

二　みじかく　ながく

よみかた
ニ
ふた　ふたつ

★二

2かく

118ページ

つかいかた

二《に》ひきの　こねこ。
二《ふた》ばが　でる。
二《ふた》つめの　かど。

よんで　みよう、かいて　みよう。

①　二（　　）さつの　ノート。

②　二（　　）つの　はこ。

③　□《に》わの　にわとり。

④　□《ふた》つの　め。

かきじゅん　1　2　3　4　5　まちがえやすいところ…★

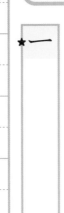

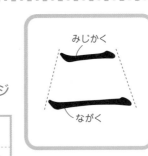

三

よみかた

サン

み　みつ　みっつ

三 三 三

3かく

118ページ

つかいかた

三《さん》かくの　つみ木。

三《み》かづきが　みえる。

三《み》つごの　あかちゃん。

三《みっ》つの　きまり。

できかた

さんぼんの　よこぼうから　できました。

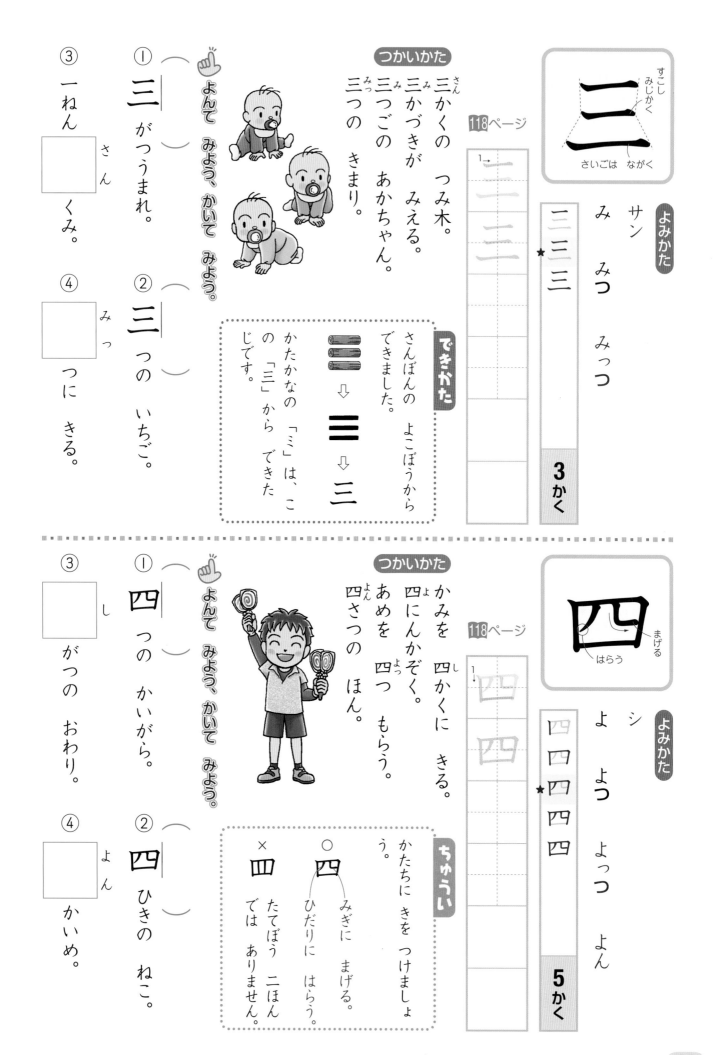

かたかなの　「ミ」は、この　「三」から　できた　じです。

よんで　みよう、かいて　みよう。

① 三（　　）がつうまれ。

② 三（　　）つの　いちご。

③ 一ねん　□《さん》くみ。

④ □《みっ》つに　きる。

四

よみかた

シ

よ　よつ　よっつ　よん

四 四 四 四 四

5かく

118ページ

つかいかた

かみを　四《し》かくに　きる。

四《よ》にんかぞく。

あめを　四《よっ》つ　もらう。

四《よん》さつの　ほん。

ちゅうい

かたちに　きを　つけましょう。

○ 四　みぎに　まげる。ひだりに　はらう。

× 皿　たてぼう　二ほん　では　ありません。

よんで　みよう、かいて　みよう。

① 四（　　）つの　かいがら。

② 四（　　）ひきの　ねこ。

③ □《し》がつの　おわり。

④ □《よん》かいめ。

五

まっすぐ　おろす
ななめに
ながく

よみかた

ゴ

いっ　いつつ

五　五　五　五

4かく

118ページ

つかいかた

五《ご》ひきの　いぬ。
五《ご》わの　すずめ。
五《ご》がつ五《いつ》か。
おとうとは　五《いつ》つだ。

ちゅうい

かきじゅんに　きを　つけましょう。

○五　五　五　五
×五　五　五　五

五《ご》かくでは　なく、四かくで　かく　ことにも　きを　つけましょう。

よんで　みよう、かいて　みよう。

① 五（　　）がつの　かぜ。

② 五（　　）つの　たね。

③ □《ご》ほんの　ぼう。

④ □《いっ》つの　だんご。

六

まっすぐ
とめる
はらう

よみかた

ロク（ロッ）

む　むつ　むっつ　むい

六　六　六　六

4かく

119ページ

つかいかた

六《ろく》まいの　きって。
六《ろっ》ぱいの　おちゃ。
六《むっ》つに　わける。
こんげつの　六《むい》か。

おぼえよう

六《ろく》ほん⇩六《ろっ》ぽん

くちで　いいやすいように　よみかたが　かわって　いきました。「六《ろっ》ぱい」「六《ろっ》ぴき」なども　よみかたが　かわった　ものです。

よんで　みよう、かいて　みよう。

① 六（　　）がつの　はじめ。

② 六（　　）つ　ならべる。

③ □《ろっ》ぽんの　えんぴつ。

④ □《むっ》つの　もも。

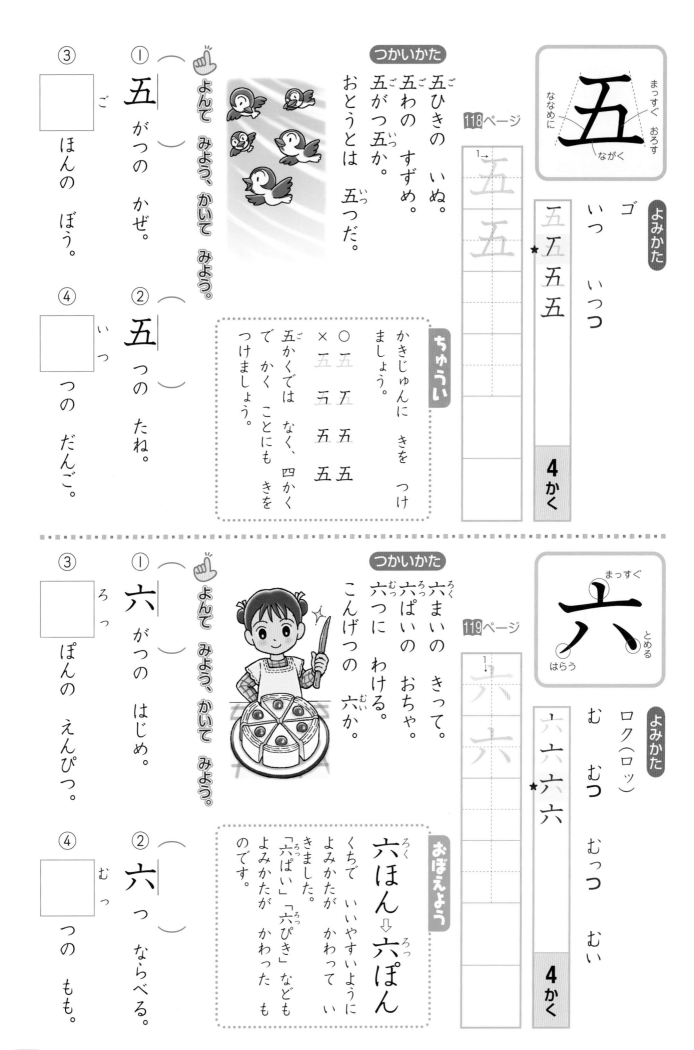

七

ななめ うえに
とめる
まげる

よみかた
シチ
なな　なな**つ**　なの

★七 七
2かく

119ページ

つかいかた

七《しち》じに　おきる。
七《なな》さいの　たんじょうび。
ぼくは　七《なな》つに　なった。
七《しち》がつ七《なの》かは　たなばただ。

おぼえよう

七夕

とくべつに「たなばた」と
よみます。
（「夕」は　74ページ）

よんで　みよう、かいて　みよう。

① 七（　　）さいの　こども。
② 七（　　）つの　ほし。
③ □《しち》にんの　ひと。
④ □《なな》だいの　くるま。

八

あける
はらう

よみかた
ハチ（ハッ）
や　や**つ**　やっ**つ**　よう

★八 八
2かく

119ページ

つかいかた

八《はち》にんの　グループ。
八《や》えざくらが　さく。
おねえさんは　八《やっ》つです。
一がつ八《よう》かから　はじまる。

おぼえよう

八《はち》ほん
八《はっ》ぽん

二つの
よみかたが
あります。

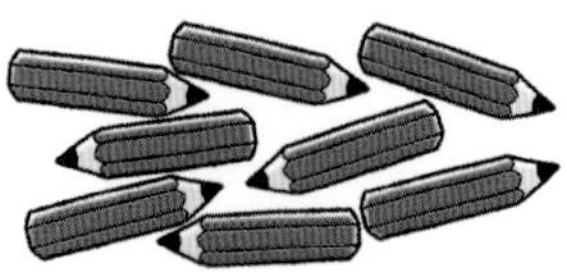

よんで　みよう、かいて　みよう。

① 八（　　）がつに　なる。
② 八（　　）つの　たまご。
③ □《はっ》ぽんの　木。
④ □《やっ》つ　かぞえる。

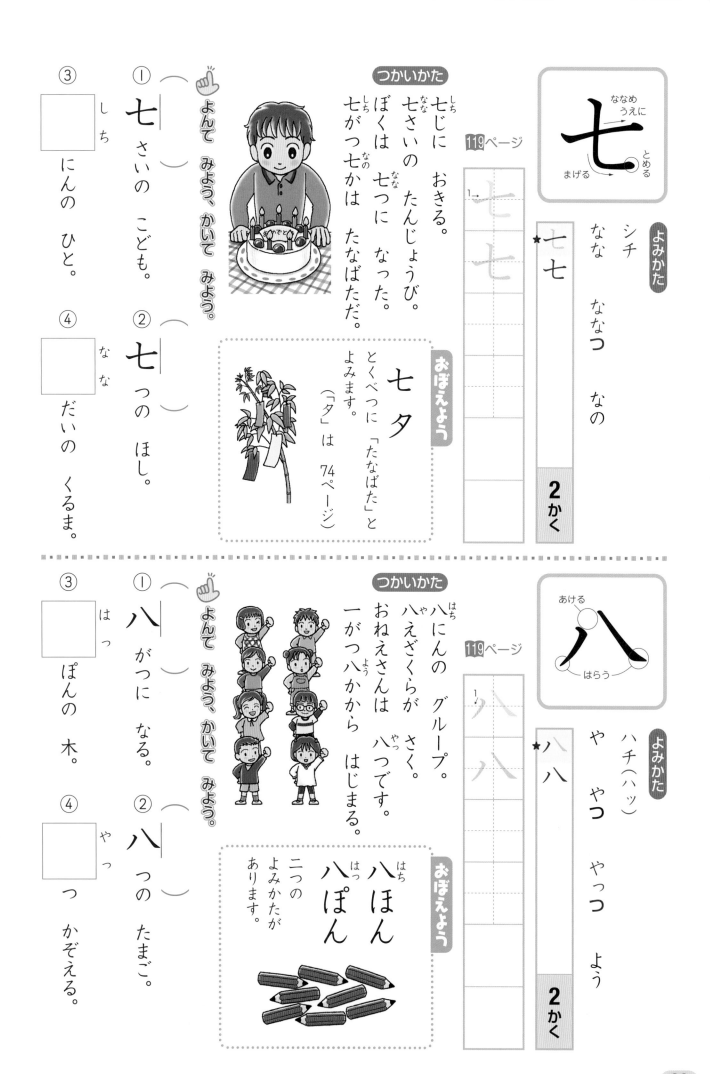

九

はらう　はねる　まげる

よみかた

キュウ　ク

ここの　ここのつ

2かく

119ページ

つかいかた

まえから　九《きゅう》ばんめ。
としは　十九《じゅうく》だ。
九《く》がつ九《ここの》か。
おにいさんは　九《ここの》つです。

ちゅうい

かきじゅんに　きを　つけましょう。

○ノ九

×乙九

はらいが　さき

二かくめの「乙」は、つづけて　一かいで　かきましょう。

よんで　みよう、かいて　みよう。

① 九（　　）こずつ　わける。

② 九（　　）がつに　なる。

③ □《きゅう》とうの　うま。

④ □《ここの》つの　くり。

十

おなじくらい　ながく

よみかた

ジュウ　ジッ〈ジュッ〉

とお　と

2かく

119ページ

つかいかた

一まいの　十《じゅう》えんだま。
十《じっ》ぽんの　えんぴつ。
もう　十《とお》か　たった。
十人《じゅうにん》十《と》色《いろ》。

おぼえよう

十《じっ》ぽん
十《じゅっ》ぽん

ただしくは「十《じっ》ぽん」と　よみますが、「十《じゅっ》ぽん」とも　よみます。

よんで　みよう、かいて　みよう。

① 十（　　）がつ（　　）十（　　）か。

② 十（　　）ぴきの　いぬ。

③ □《じゅう》まい　あつめる。

④ □《じっ》てんまんてん。

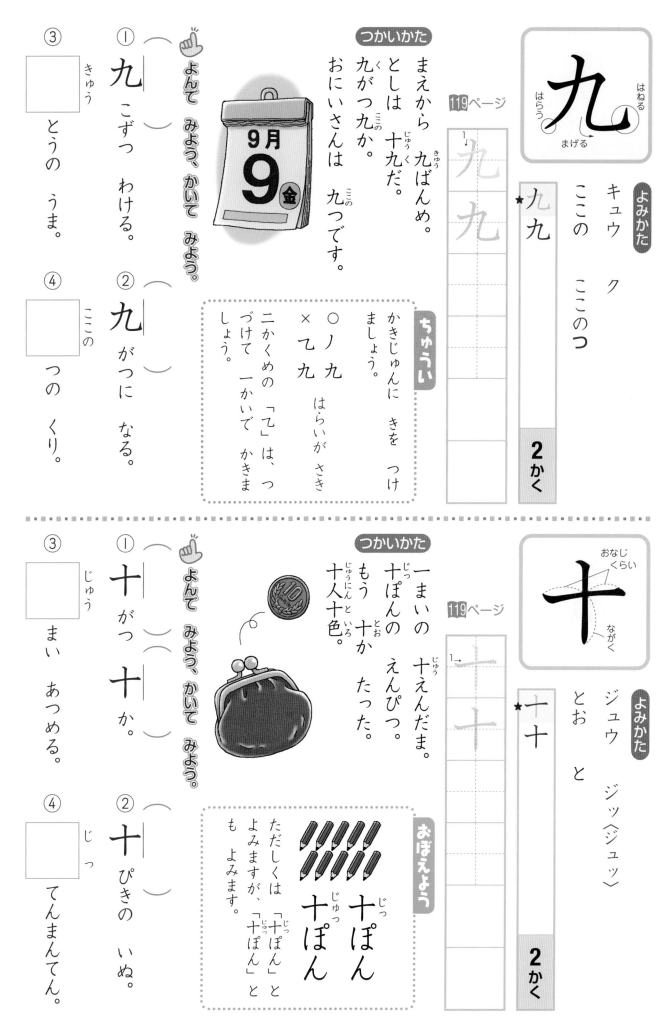

れんしゅうのワーク

かずと かんじ

きょうかしょ ㊤118〜121ページ

こたえ 3ページ

べんきょうした日　月　日

1 あたらしい かんじを よみましょう。

❶ 118ページ こぶたが 一（　）ぴき。

❷ 一（　）つ てを たたく。

❸ 二（　）ばんめに ならぶ。

❹ 二（　）つに わける。

❺ 三（　）さつの ほん。

❻ 三（　）つずつ くばる。

❼ 四（　）かくい はこ。

❽ 四（　）ほんの にんじん。

❾ 四（　）つの てん。

❿ 五（　）だいの くるま。

⓫ 五（　）つの りんご。

⓬ 六（　）この おにぎり。

⓭ 六（　）つの みかん。

⓮ 七（　）がつに なる。

⓯ 七（　）いろの にじ。

⓰ 七（　）つの たね。

⓱ 八（　）かい まわる。

⓲ 八（　）つの トマト。

⑲ （　　）九 まいの おりがみ。

⑳ （　　）九 じに ねる。

㉑ あめが （　　）九 つ。

㉒ （　　）十 にん いる。

㉓ （　　）十 ぴきの ねずみ。

㉔ （　　）十 まで かぞえる。

2 あたらしい かんじを かきましょう。

118ページ

① いぬが □《いっ》 ぴき いる。

② もう □《ひと》 つ もらう。

③ まえから □《に》 ばんめ。

④ □《さん》 さつの ざっし。

⑤ □《し》 かくを かく。

⑥ □《よん》 ほんの えんぴつ。

⑦ □《ご》 だいの トラック。

⑧ □《ろっ》 この コップ。

⑨ □《しち》 がつうまれ。

⑩ □《なな》 いろに ひかる。

⑪ □《はち》 かい くりかえす。

⑫ □《きゅう》 まいの え。

⑬ あさの □《く》 じ。

⑭ □《じゅう》 にんの こども。

⑮ ぜんぶで □《とお》 ある。

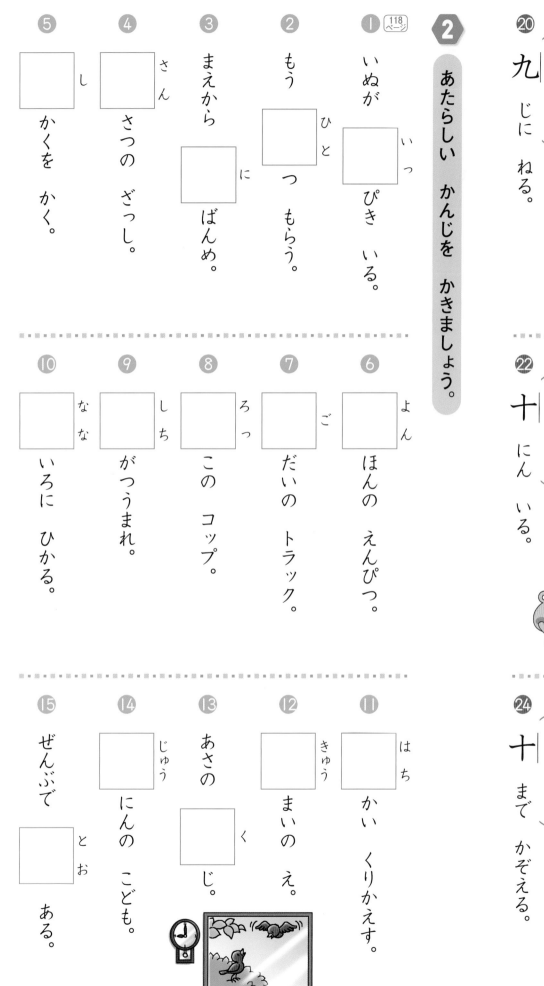

きほんのワーク

くじらぐも／まちがいを　なおそう　しらせたいな、見せたいな

きょうかしょ　㊦6～23ページ

こたえ　3ページ

べんきょうした日　月　日

◆「よみかた」の　あかい　字は　きょうかしょで　つかわれて　いる　よみです。

くじらぐも

子（ながく／すこし　まげる／はねる）

よみかた　シ　ス
こ

3かく

★子子子

6ページ

つかいかた
男子《だんし》が　てを　あげる。
まわりの　様子《ようす》を　みる。
子《こ》どもたちが　いぬと　あそぶ。

よんで　みよう、かいて　みよう。

① 子（　　）ねこが　うまれる。
② おんなの　子（　　）。
③ おとこの　□《こ》。
④ □《こ》どもたち。

空（まっすぐ／はねる／とめる／とめる／ながく）

よみかた　クウ
そら　あく　あける　から

8かく

★空空空空空空空空

6ページ

つかいかた
空《くう》きが　おいしい。
ひろくて　あおい　空《そら》。
せきが　空《あ》く。

よんで　みよう、かいて　みよう。

① 空（　　）の　くも。
② 大空（　　）を　とぶ。
③ □《そら》を　みる。
④ はれた　□《そら》。

先

ながく　はねる　はらう　まげる

よみかた
セン
さき

先 先 先 ★先 先 先

6かく

7ページ

先 先

つかいかた

れつの 先《せん》とう。
先《せん》しゅうの どようび。
するどい やりの 先《さき》。
先《さき》の はなしを する。

おぼえよう

「先《せん》」は いまよりも まえの ことを あらわします。

先《せん》しゅう—こんしゅう—らいしゅう
先《せん》月《げつ》—こん月—らい月

よんで みよう、かいて みよう。

① 先（　　）とうの ひと。
② えだの 先（　　）。
③ □《せん》ぞを うやまう。
④ □《さき》に いく。

生

ながく

よみかた
セイ　ショウ
いきる　いかす　いける
（おう）　はえる　はやす
うまれる　うむ
（き）　なま

生 生 ★生 生 生

5かく

7ページ

生 生

つかいかた

先生《せんせい》に きく。
一ねん生《せい》に なった。
ひとの 一生《いっしょう》。 生《い》きもの。
子どもが 生《う》まれる。

できかた

くさの めが はえでた ようすから できました。

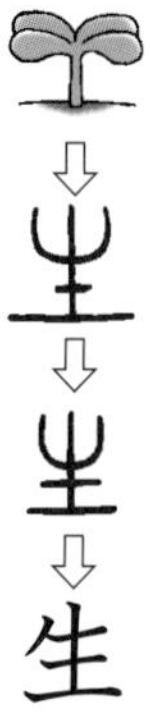

かきじゅんに きを つけましょう。

× ノ 𠂉 ⺧ 牛 生

よんで みよう、かいて みよう。

① 先（　　）生（　　）に なる。
② うみの 生（　　）きもの。
③ ながく □《い》きる。
④ たのしい □《せい》かつ。

男

つきだす
はらう
はねる

よみかた
ダン　ナン
おとこ

男男男男男男男
★
7かく

9ページ

男　男

つかいかた

男子《だんし》が　あつまる。
ぼくは　ちょう男《なん》です。
ふたりの　男《おとこ》の子。
大男《おおおとこ》の　おはなし。

できかた

「田《た》」と　「力《ちから》」を　あわせて　できました。

田＋力＝男

よんで　みよう、かいて　みよう。

① 男（　　）の　先生。

② 男（　　）の　きょうだい。

③ □《おとこ》の子が　いる。

④ □《おとこ》の　ともだち。

女

すこし　だす
はらう
とめる

よみかた
ジョ　（ニョ）　（ニョウ）
おんな　（め）

★
女女女
3かく

9ページ

女　女

つかいかた

女《じょ》おうさまが　きた。
女子《じょし》の　かずが　おおい。
女《おんな》の子が　いる。
女《おんな》ばかりの　きょうだい。

ちゅうい

かきじゅんに　きを　つけましょう。
○　く　乄　女
×　一　七　女
よこぼうは　さいごに　かきます。「くノ一《くのいち》」と　おぼえると　よいでしょう。

よんで　みよう、かいて　みよう。

① げんきな　女（　　）の子。

② 女（　　）の　ひと。

③ 七さいの　□《おんな》の子。

④ □《おんな》と　男。

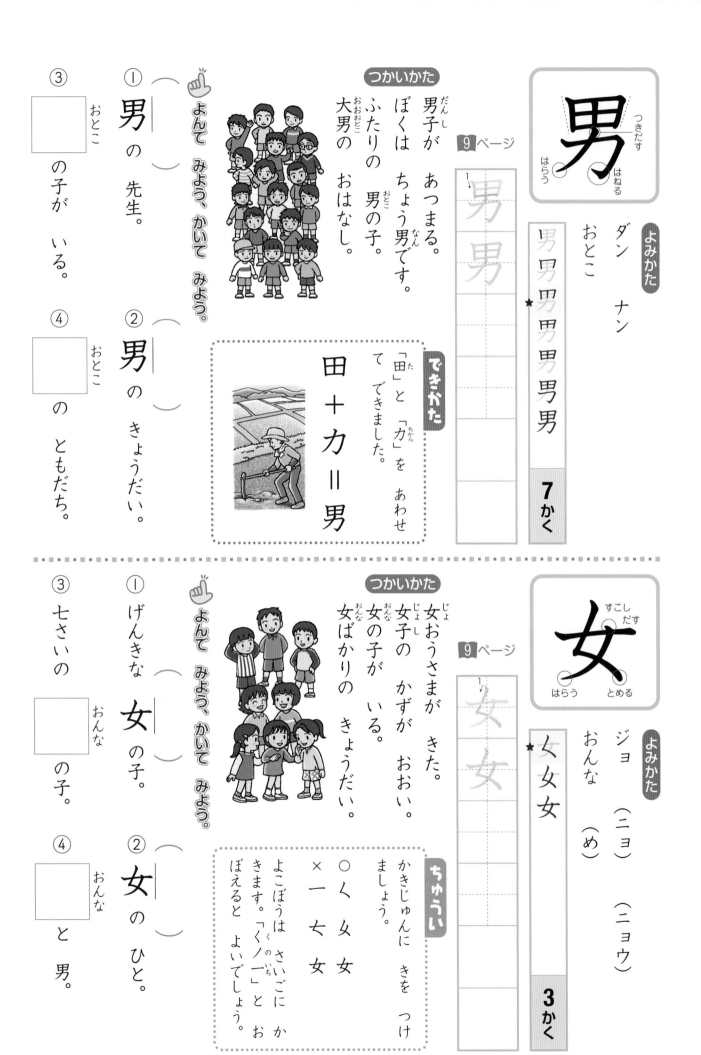

よみかた

シュ

て　（た）

10ページ

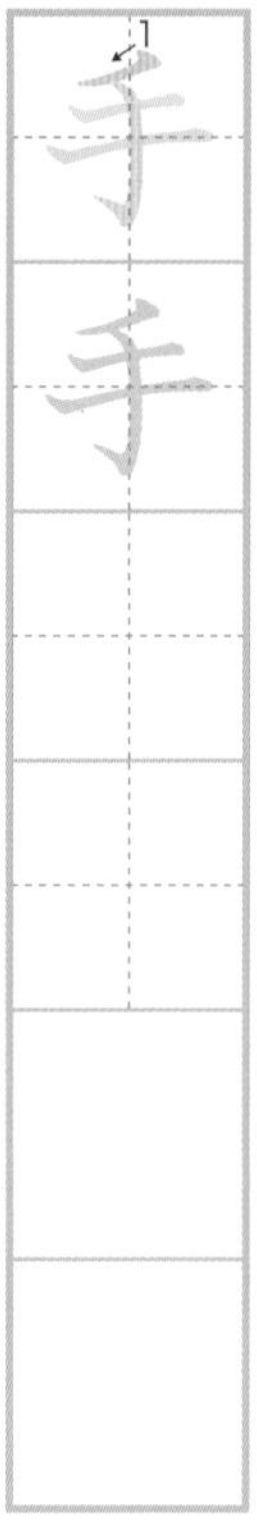

つかいかた

あく手《しゅ》を　する。
大きな　はく手《しゅ》。
手《て》を　にぎる。
手《て》がみを　だす。

できかた

てを　ひらいた　かたちから　できました。

ぜんたいの　かたちに　ちゅういして　かきましょう。

よんで　みよう、かいて　みよう。

① 手（　　）を　あらう。

② 手（　　）を　たたく。

③ □《て》を　あげる。

④ りょう□《て》を　だす。

よみかた

テン

（あめ）　あま

10ページ

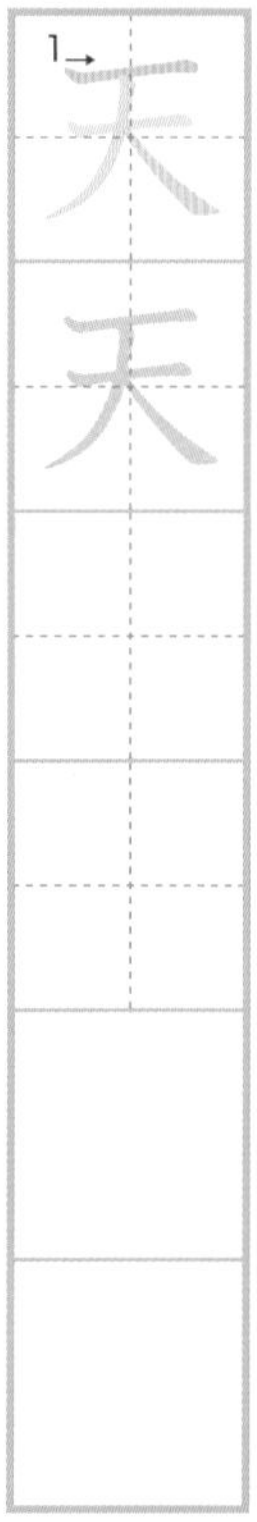

つかいかた

天《てん》に　とどく。
天《てん》じょうが　たかい。
天《てん》きよほうを　みる。
天《あま》のがわを　みあげる。

ちゅうい

○ 天　うえが　ながく　したが　みじかい　天 ×

よこぼうの　ながさに　きを　つけて　かきましょう。
「大」(20ページ)と　かたちが　にて　いるので、きを　つけましょう。

よんで　みよう、かいて　みよう。

① 天（　　）を　みあげる。

② 天（　　）きが　よい。

③ □《てん》ぷらを　あげる。

④ □《てん》しの　はね。

青

ながく
はねる
とめる

よみかた
セイ（ショウ）
あお　あおい

青青青青青青青青
8かく

12ページ

つかいかた

さわやかな　青《せい》ねん。
青《あお》むしを　みつける。
青《あお》しんごうで　すすむ。
青《あお》い　空が　ひろがる。

おぼえよう

「青」には、「わかい」と　いう　いみも　あります。

青《せい》ねん
青《せい》しゅん
青《あお》ば

よんで　みよう、かいて　みよう。

① 青（　　）い　うみ。
② 青（　　）い　ふうせん。
③ □《あお》い　クレヨン。
④ □《あお》い　ふく。

まちがいを　なおそう

文

まっすぐ
はらう

よみかた
ブン　モン〈モ〉
（ふみ）

文文文文
4かく

19ページ

つかいかた

文《ぶん》しょうを　よむ。
えんそくの　さく文《ぶん》。
天文《てんもん》がくしゃに　なる。

おぼえよう

文字《じ》

「もじ」と　よみます。
「もんじ」と　よむ　ことも　あります。

よんで　みよう、かいて　みよう。

① みじかい　文（　　）しょう。
② さく　文（　　）を　かく。
③ □《ぶん》しゅうを　つくる。
④ □《ぶん》を　よむ。

字

よみかた
ジ
（あざ）

字字字字字字

6かく

19ページ

つかいかた

きれいな 字《じ》を かく。
うすい 字《じ》を なぞる。
かん字《じ》を ならう。
すう字《じ》を かく。

ちゅうい

○ 字《まっすぐ》　× 宀《てんに しない》

「宀」の ぶぶんを ただしく かきましょう。
「宀」を 「⺍」と かくと、「学《がく》」(36ページ)に なるので、きを つけましょう。

よんで みよう、かいて みよう。

① かん字（　　）を おぼえる。
② すう字（　　）で かく。
③ □《じ》を かく。
④ かん□《じ》を よむ。

正

よみかた
セイ　ショウ
ただしい　ただす
まさ

正正正正正

5かく

19ページ

つかいかた

正《せい》かくな じかん。
お正《しょう》がつが くる。
正《ただ》しい 字を おぼえる。
ことばづかいを 正《ただ》す。

おぼえよう

かずを かぞえる ときに、「5」を あらわす しるしと しても つかわれます。

一……1	T……2
下……3	𠃊下……4
正……5	正一……6
正正……9	正正……10

よんで みよう、かいて みよう。

① 正（　　）しい こたえ。
② 正（　　）しい しせい。
③ □《ただ》しく かく。
④ □《ただ》しい じかん。

見

はねる　はらう　まげる

よみかた
ケン
みる　みえる　みせる

★見見見見見見見

7かく

20ページ

見見

つかいかた

みせを 見《けん》がくする。
空の ほしを 見《み》る。
えを 見《み》せる。

できかた

「目《め》」と「人《ひと》」を あわせて できました。みる ことを あらわします。

「儿」を「八」や「ハ」と かかないように きを つけましょう。

よんで みよう、かいて みよう。

① しゃしんを 見（　）せる。

② うみを 見（　）る。

③ ちずを □《み》せる。

④ とけいを □《み》る。

学

とめる　はねる

よみかた
ガク（ガッ）
まなぶ

★学学学学学学学学

8かく

20ページ

学学

つかいかた

げんきな しょう学生《がくせい》。
くりかえし 学《がく》しゅうする。
先生から 学《まな》ぶ。
かきかたを 学《まな》ぶ。

ちゅうい

○学　×学

うえの ぶぶんは かたかなの「ツ」のように かきましょう。
「字」（35ページ）と かたちが にて いるので、きを つけましょう。

よんで みよう、かいて みよう。

① おおくの 学（　）生。

② 学（　）しゃに なる。

③ □□《ぶんがく》を よむ。

④ にゅう□《がく》しき。

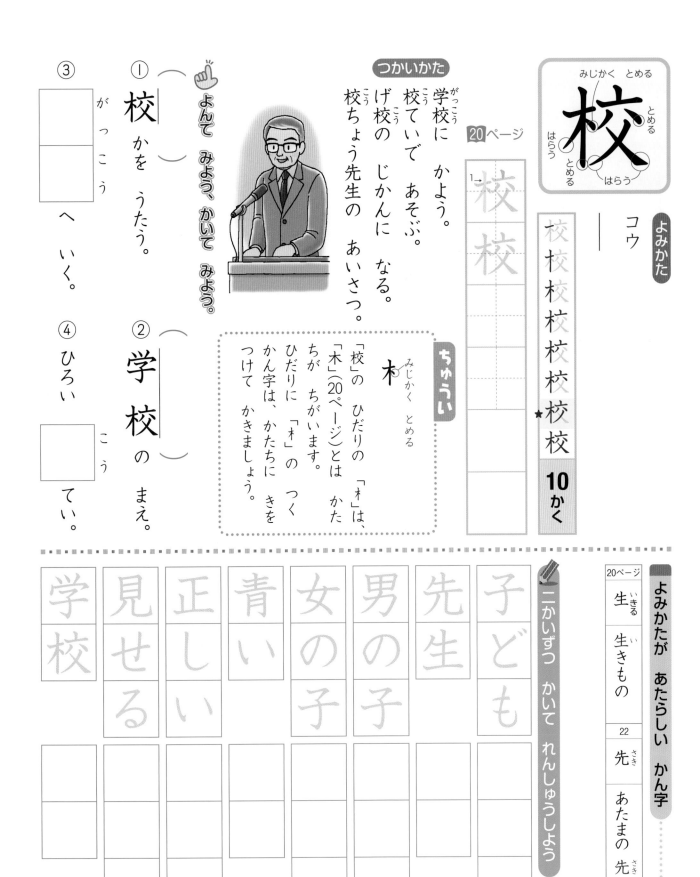

校

みじかく とめる

とめる

はらう

とめる

はらう

よみかた

コウ

10かく

20ページ

つかいかた

学校《がっこう》に かよう。

校《こう》ていで あそぶ。

げ校《こう》の じかんに なる。

校《こう》ちょう先生の あいさつ。

ちゅうい

木 みじかく とめる

「校」の ひだりの 「木」は、「木」(20ページ)とは かたちが ちがいます。ひだりに 「木」の つく かん字は、かたちに きを つけて かきましょう。

よんで みよう、かいて みよう。

① 校かを うたう。（　　）

② 学校の まえ。（　　）

③ [　][　]《がっこう》へ いく。

④ ひろい [　]《こう》てい。

よみかたが あたらしい かん字

20ページ	生《い》きる　生《い》きもの
22	先《さき》　あたまの 先《さき》

二かいずつ かいて れんしゅうしよう

子ども　先生　男の子　女の子　青い　正しい　見せる　学校

れんしゅうのワーク

くじらぐも／まちがいを　なおそう
しらせたいな、見せたいな

きょうかしょ　㊦6～23ページ

こたえ　3ページ

べんきょうした日　月　日

1 あたらしい　かんじを　よみましょう。

① 6ページ 子（　）どもたちが　いる。

② 空（　）に　うかぶ　くも。

③ 先生（　）の　あいず。

④ 男（　）の子が　はりきる。

⑤ 女（　）の子が　よぶ。

⑥ 手（　）を　つなぐ。

⑦ 天（　）まで　とどけ。

⑧ 青（　）い　空。

⑨ 19ページ 文（　）しょうを　かく。

⑩ 字（　）を　なおす。

⑪ 正（　）しく　つかう。

⑫ 20ページ いえの　ひとに　見（　）せる。

⑬ 学校（　）の　なか。

⑭ 生（　）きものの　せわ。

⑮ あたまの　先（　）。

2 あたらしい　かんじを　かきましょう。

① 6ページ □《こ》どもたちが　あそぶ。

② □《そら》を　とぶ。

③ □□《せんせい》の　ふえ。

④ □《おとこ》のこ。

⑤ □《おんな》のこ。

⑥ □《て》を　ふる。

⑦ □《てん》を　みあげる。

⑧ □《あお》い　えのぐ。

⑨ 19ページ ながい　□《ぶん》しょう。

⑩ □《じ》の　れんしゅう。

⑪ □《ただ》しい　かきかた。

⑫ 20ページ じぶんの　えを　□《み》せる。

⑬ □□《がっこう》の　せんせい。

⑭ □《い》きものの　ずかん。

⑮ □《さき》に　かえる。

3 ぶんを　かきましょう。——は　かんじで　かきましょう。（ふとい　じは、この　かいで　ならった　かんじを　つかった　ことばです。）

① **こ**どもたちが　**て**を　ふる。

② **あお**い　**そら**が　ひろがる。

③ **ただ**しい　**じ**を　かく。

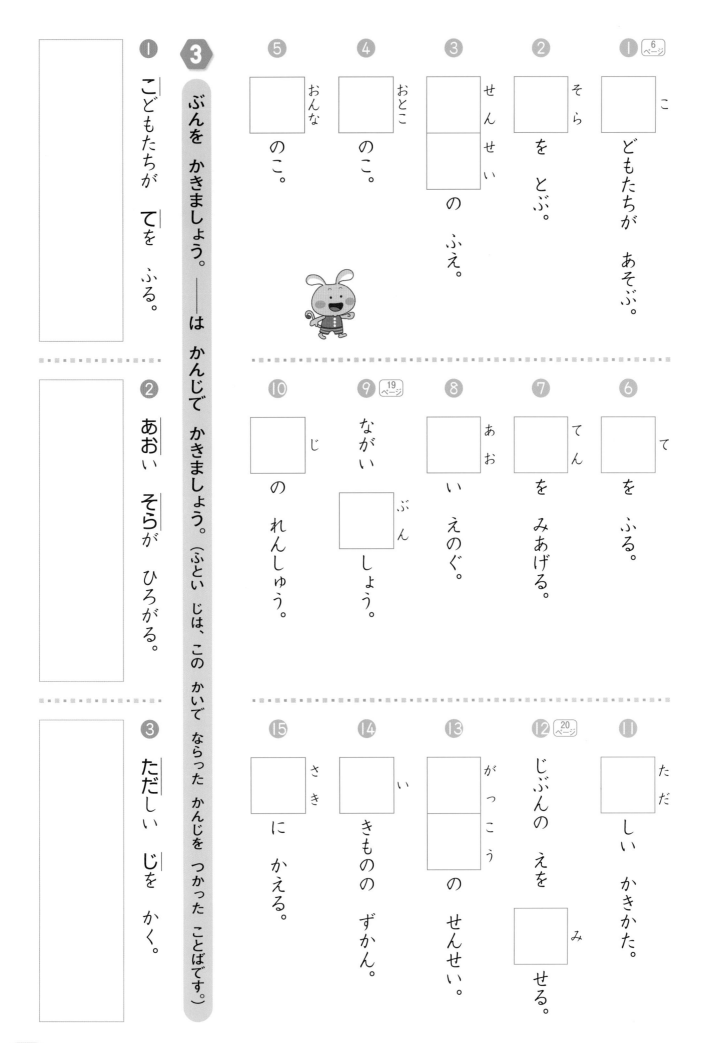

きほんのワーク

かん字の はなし
じどう車くらべ／じどう車ずかんを つくろう

きょうかしょ 下24〜37ページ

こたえ 3ページ

べんきょうした日 月 日

◆「よみかた」の あかい 字は きょうかしょで つかわれて いる よみです。

かん字の はなし

山（ながく／すこし だす）

よみかた：サン　やま

★ 山山山　3かく

24ページ

つかいかた

山《さん》みゃくが つづく。
か山《ざん》の ある くに。
山《やま》に のぼる。

よんで みよう、かいて みよう。

①（　　）山の うえ。
②たかい（　　）山。
③きゅうな □《やま》 みち。
④□《やま》が 見える。

水（あける／はらう／はらう／はねる）

よみかた：スイ　みず

★ 水水水水　4かく

24ページ

つかいかた

水《すい》どうの じゃぐち。
こうえんの ふん水《すい》。
つめたい 水《みず》を のむ。

よんで みよう、かいて みよう。

①（　　）水を くむ。
②（　　）水が つめたい。
③□《みず》 たまもよう。
④おいしい □《みず》。

かきじゅん 1 2 3 4 5　まちがえやすいところ…★

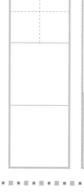

よみかた
ウ
あめ　あま

★雨雨雨雨雨雨雨雨

8かく

25ページ

つかいかた
雨天《うてん》が　つづく。
雨《あめ》が　はげしく　ふる。
にわか雨《あめ》が　ふる。
雨《あま》やどりを　する。

できかた
あめが　空から　ふって　できる　ようすから　できました。

よんで　みよう、かいて　みよう。

① 雨（　　）の　ひ。

② 雨（　　）が　あがる。

③ □（あめ）が　やむ。

④ □（あめ）もよう。

よみかた
ジョウ　（ショウ）
うえ　うわ　かみ　あげる　あがる
のぼる　（のぼせる）（のぼす）

★上上上

3かく

25ページ

つかいかた
たてものの　おく上《じょう》。
つくえの　上《うえ》。
かわ上《かみ》に　上《のぼ》る。
天まで　上《あ》がれ。

できかた
うえに　ものが　ある　ことを　しめす　しるしから　できました。

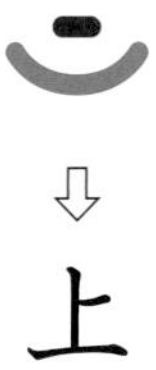

かきじゅんに　きを　つけましょう。
×　ー　ト　上

よんで　みよう、かいて　みよう。

① たなの　上（　　）。

② はこを　つり　上（　　）げる。

③ やねの　□（うえ）。

④ 空を　□（み）□（あ）げる。

下

とめる

よみかた

カ　ゲ
した　しも　（もと）　さげる　さがる
くだる　くだす　くださる　おろす　おりる

下下下 3かく

25ページ

つかいかた

ち下《か》てつに　のる。
つくえの　下《した》。
かわ下《しも》に　下《くだ》る。
ねだんを　下《さ》げる。

できかた

したに　ものが　ある　ことを　しめす　しるしから　できました。

⇩ 下

はんたいの　いみの　ことば
上《うえ》 ↕ 下《した》

よんで　みよう、かいて　みよう。

① いすの　下。（　　）
② 下を　見る。（　　）
③ □《した》に　おく。
④ □《した》に　かくれる。

日

よみかた

ニチ　ジツ
ひ　か

日日日日 4かく

26ページ

つかいかた

きょうは　日《にち》よう日《び》だ。
あしたは　きゅう日《じつ》だ。
日《ひ》の　ひかり。
三がつ三日《みっか》の　ひなまつり。

できかた

たいようの　かたちから　できました。

⇩ ⇩ 日

たいようが　でると　あさ、しずむと　よるに　なる　ことから、「一日《いちにち》」と　いう　いみも　あります。

よんで　みよう、かいて　みよう。

① こどもの　日。（　　）
② 日づけが　かわる。（　　）
③ はつ□《ひ》ので。
④ たんじょう□《び》。

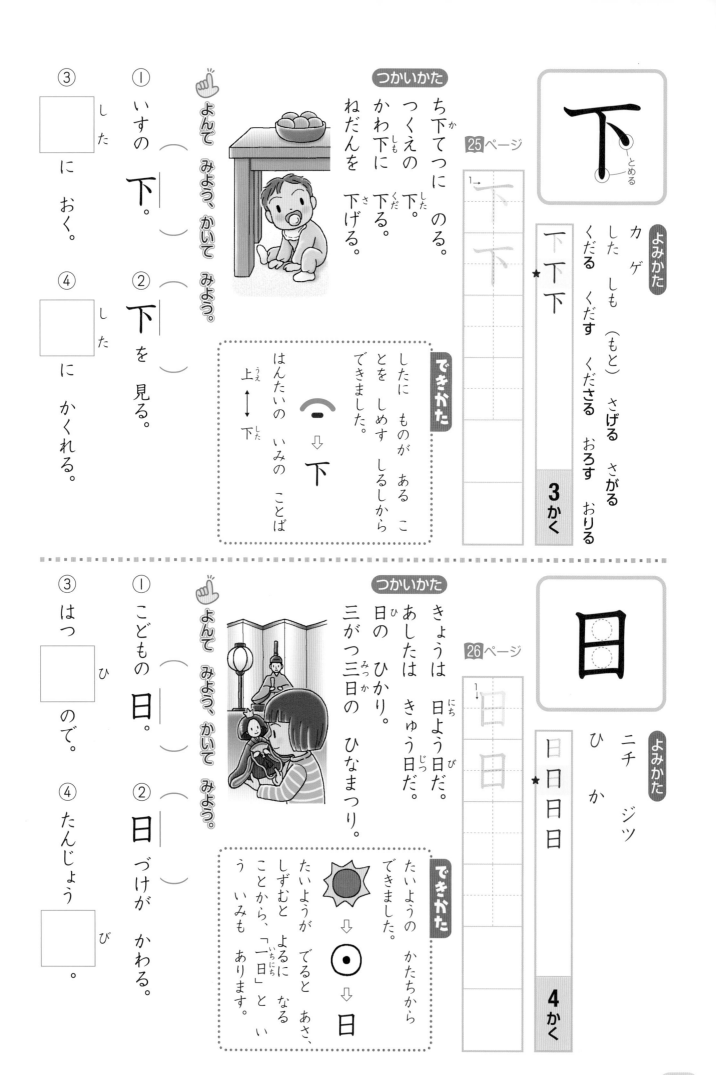

火

とめる
はらう

よみかた

カ
ひ（ほ）

火 火 火 火

4かく

26ページ

つかいかた

火《か》ざんが 見える。
火《か》じを ふせぐ。
ろうそくの 火《ひ》を けす。
たき火《び》に あたる。

できかた

ひが もえて いる ようすから できました。

⇩ 火 ⇩ 火

かきじゅんに きを つけましょう。

× ノ 人 火 火

よんで みよう、かいて みよう。

① 火（　　）を つける。
② たき 火（　　）を する。
③ □《ひ》が もえる。
④ きれいな はな □《び》。

田

つきださない
つきださない

よみかた

デン
た

田 田 田 田 田

5かく

26ページ

つかいかた

すい田《でん》が ひろがる。
のどかな 田《でん》えん。
田《た》んぼで かえるが なく。
田《た》うえが はじまる。

できかた

たんぼの かたちから できました。

⇩ 田 ⇩ 田

かきじゅんに きを つけましょう。

× 冂 円 田 田

よんで みよう、かいて みよう。

① 田（　　）んぼの かえる。
② 田（　　）に 水を ひく。
③ □《た》はたを たがやす。
④ □《た》うえを する。

川

すこし　みじかく
ながく
はらう
とめる

よみかた
（セン）
かわ

★川川川

3かく

26ページ

つかいかた

ながれの　はやい　川《かわ》。
川《かわ》を　わたる。
川《かわ》に　すむ　生きもの。
川《かわ》しもに　ながれる。

できかた

水が　ながれて　いる　ようすから　できました。

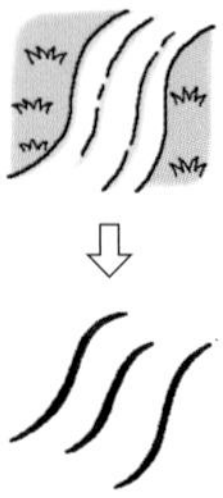

⇩
⇩
川

かたちに　きを　つけて　かきましょう。
川　とめる　はらう

よんで　みよう、かいて　みよう。

①　川（　　）が　ながれる。
②　川（　　）に　そって　あるく。
③　［　　］《かわ》の　そば。
④　［　　］《かわ》あそびを　する。

竹

はらう
とめる
はねる

よみかた
チク
たけ

★竹竹竹竹竹竹

6かく

27ページ

つかいかた

竹《ちく》りんに　かぜが　ふく。
竹《たけ》やぶの　なか。
竹《たけ》うまで　あそぶ。
竹《たけ》とんぼを　つくる。

できかた

たけが　はえて　いる　かたちから　できました。

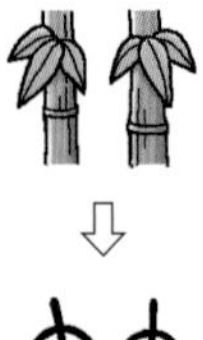

⇩
⇩
竹

かたちに　きを　つけて　かきましょう。
竹　はねる　とめる

よんで　みよう、かいて　みよう。

①　ひろい　竹（　　）やぶ。
②　竹（　　）を　きる。
③　［　　］《たけ》うまに　のる。
④　［　　］《たけ》の子を　ほる。

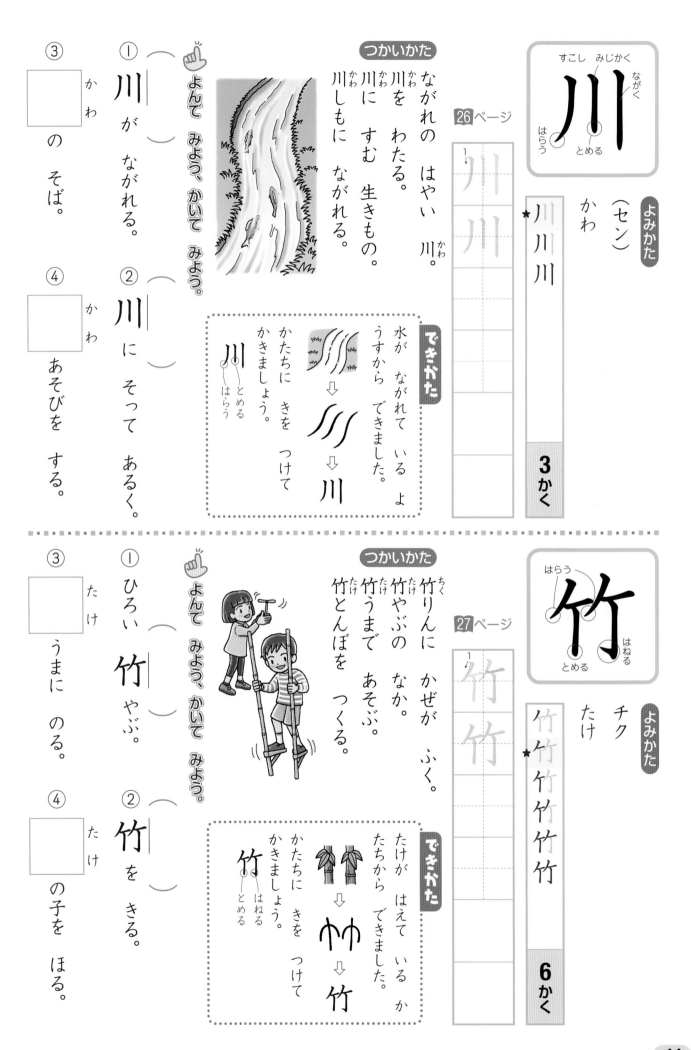

月

はらう　はねる

よみかた

ゲツ　ガツ
つき

月 月 月 月

4かく

27ページ

月 月

つかいかた

きょうは　まん月《げつ》だ。
一月《いちがつ》うまれの　ひと。
月《つき》が　きれいな　よる。
まるい　お月《つき》さま。

できかた

三かづきの　かたちから
できました。

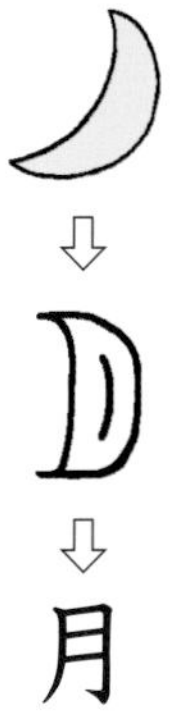

「日」（42ページ）と　いう
かん字の　できかたと
よく　にて　いますね。

よんで　みよう、かいて　みよう。

①（　　）月を　見る。

②（　　）月の　ひかり。

③ □《つき》の　はじめ。

④ きれいな　□《つき》。

じどう車くらべ

車

ながく

よみかた

シャ
くるま

車 車 車 車 車 車 車

7かく

30ページ

車 車

つかいかた

じどう車《しゃ》が　はしる。
しずかな　車《しゃ》ない。
車《くるま》に　のる。

できかた

ひとや　にもつを　のせる
くるまの　かたちから　で
きました。

たてぼうは、さいごに
まっすぐに　かきます。

よんで　みよう、かいて　みよう。

① でん車（　　）が　車（　　）こに　はいる。

② じどう　□《しゃ》。

③ ポンプ　□《しゃ》。

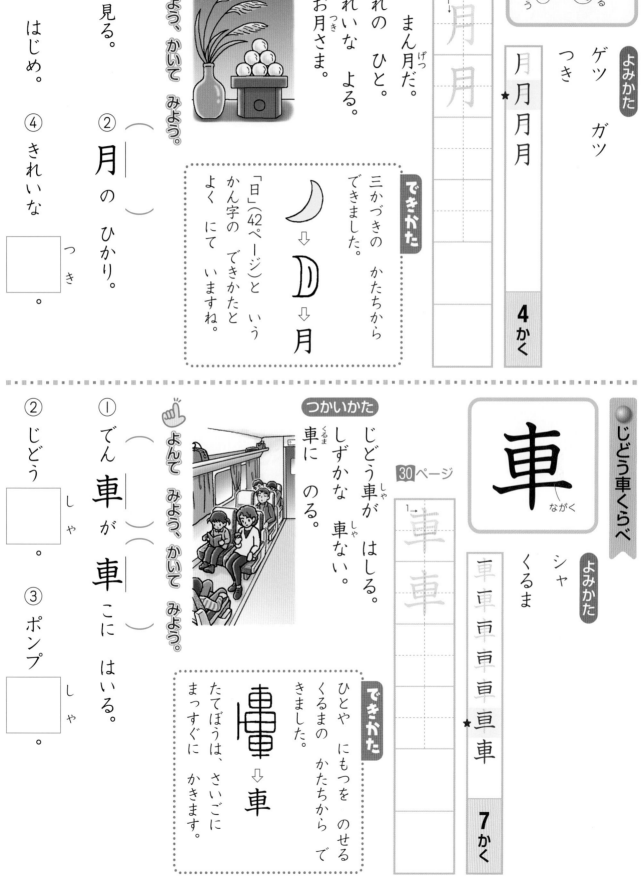

人

はらう　はらう

よみかた
ジン　ニン
ひと

★人人

2かく

31ページ

つかいかた

ゆう人《じん》が　できる。
人《にん》げんと　どうぶつ。
となりの　人《ひと》。
人《ひと》まえで　はなす。

できかた

ひとが　たって　いる　かたちから　できました。
かたちに　きを　つけて　かきましょう。

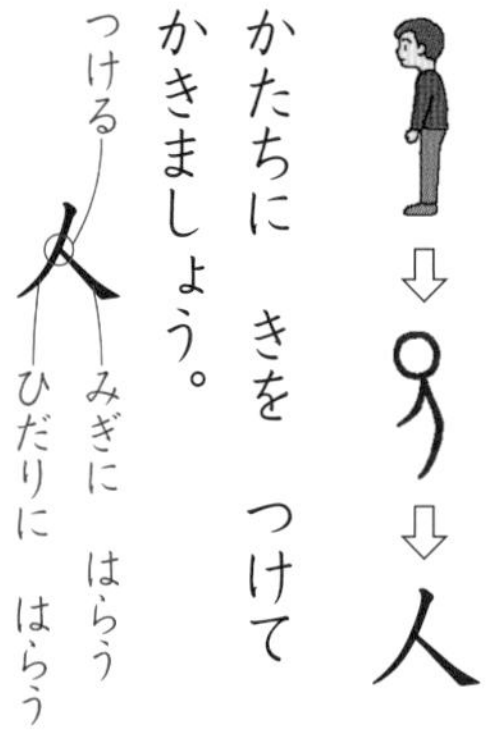

よんで　みよう、かいて　みよう。

① 女の　人。（　　）
② しんせきの　人。（　　）
③ きんじょの　□《ひと》。
④ □《ひと》が　あつまる。

じどう車ずかんを　つくろう

気

はらう　はねる　とめる

よみかた
キ　ケ

気気気気★気気

6かく

37ページ

つかいかた

気《き》を　つけて　あるく。
しんせんな　くう気《き》。
水気《みずけ》が　おおい。

よんで　みよう、かいて　みよう。

① 気（　　）を　つける。
② 気（　　）おんが　たかい。
③ いい　□□《てんき》。
④ あいての　□《き》もち。

よみかたが　あたらしい　かん字

33ページ
上《あ》げる
つり上《あ》げる

れんしゅうのワーク

かん字の　はなし
じどう車くらべ／じどう車ずかんを　つくろう

きょうかしょ　㊦24～37ページ
こたえ　4ページ

べんきょうした日　月　日

1 あたらしい　かん字を　よみましょう。

❶（24ページ）（　　）山の　すがた。

❷（　　）水が　ながれる。

❸（　　）雨が　ふる。

❹（　　）上に　ある。

❺（　　）下を　しめす。

❻（　　）日が　のぼる。

❼（　　）火を　けす。

❽（　　）田んぼが　ひろがる。

❾（　　）川に　いる　さかな。

❿（　　）竹やぶの　なか。

⓫（　　）月が　でる。

⓬（30ページ）いろいろな　じどう（　　）車。

⓭バスに（　　）人を　のせる。

⓮ものを　つり（　　）上げる。

⓯（35ページ）（　　）気を　つけて　かく。

⓰（　　）山のぼりを　する。

⓱たんじょう（　　）日を　いわう。

⓲たき（　　）火を　かこむ。

２ あたらしい かん字を かきましょう。

① 24ページ □《やま》へ いく。

② □《みず》を のむ。

③ はげしい □《あめ》。

④ □《うえ》を むく。

⑤ □《した》の ほう。

⑥ □《ひ》が しずむ。

⑦ ろうそくの □《ひ》。

⑧ □《た》んぼの いね。

⑨ □《かわ》で およぐ。

⑩ □《たけ》やぶに はいる。

⑪ まるい □《つき》。

⑫ 30ページ じどう□《しゃ》に のる。

⑬ たくさんの □《ひと》。

⑭ ロープで つり□《あ》げる。

⑮ 35ページ まちがいに □《き》が つく。

⑯ □《やま》のぼりを はじめる。

⑰ 七さいの たんじょう□《び》。

⑱ たき□《び》で いもを やく。

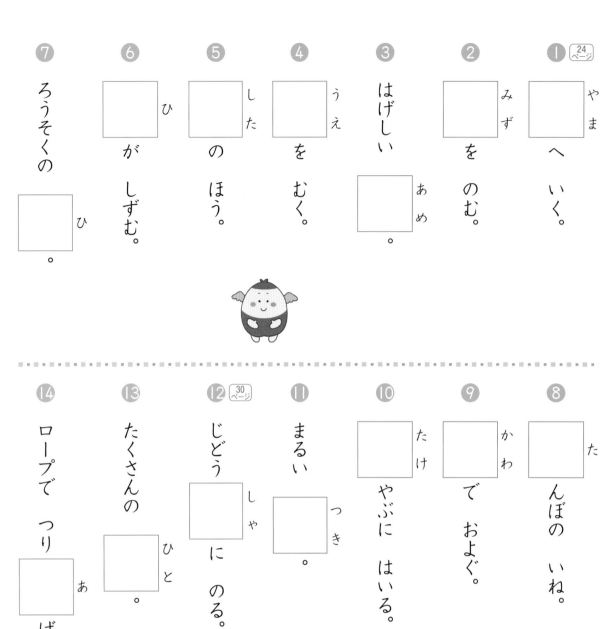

3 もういちど　あたらしい　かん字を　かきましょう。

①　□《た》うえを　する。

②　はなに　□《みず》を　やる。

③　にもつを　□《した》に　おく。

④　□《あめ》に　ぬれる。

⑤　□《ひ》のようじん。

⑥　□《ひと》が　あつまる。

⑦　□《たけ》で　できた　かご。

⑧　□《つき》と　ほし。

⑨　そとが　□《き》に　なる。

4 文を　かきましょう。――は　かん字で　かきましょう。（ふとい　字は、この　かいで　ならった　かん字を　つかった　ことばです。）

①　**やま**の　**うえ**に　いく。

②　つめたい　**かわ**の　**みず**。

③　**あめ**に　**き**が　つく。

④　**つき**を　み**あ**げる。

⑤　あおい　じどう**しゃ**。

⑥　おとこの　**ひと**が　いる。

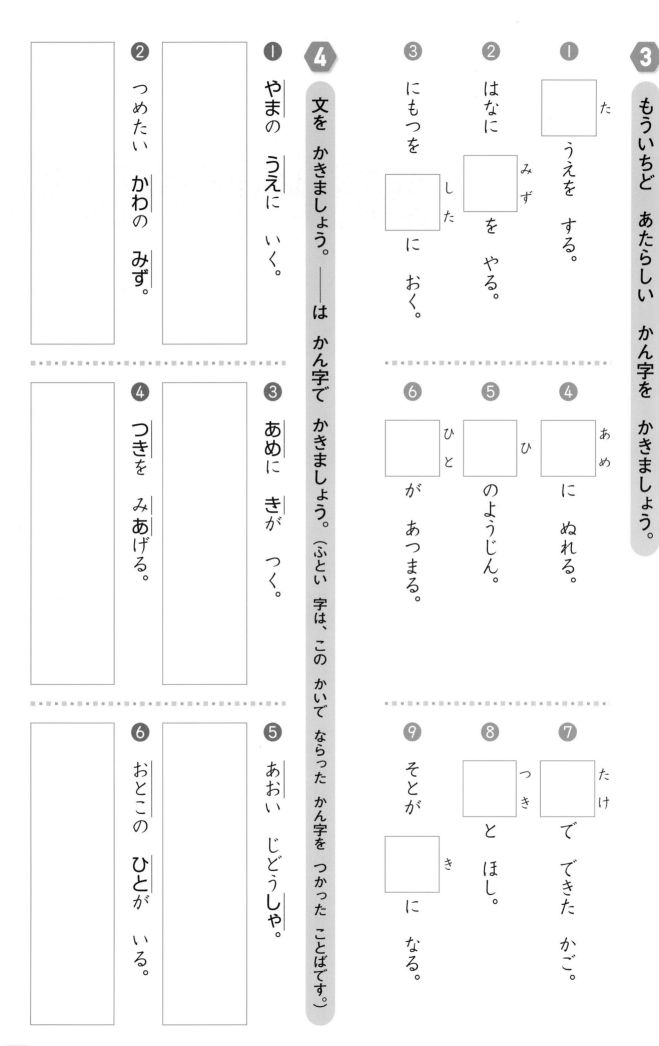

きほんのワーク たぬきの 糸車

きょうかしょ 下44～55ページ

こたえ 4ページ

べんきょうした日 月 日

◆「よみかた」の あかい 字は きょうかしょで つかわれて いる よみです。

たぬきの 糸車

糸

はらう とめる とめる

よみかた
シ
いと

★ 糸糸糸糸糸糸

6かく

44ページ

つかいかた

金糸《きんし》で ぬのを おる。
糸車《いとぐるま》が まわる。
つり糸《いと》を たらす。

よんで みよう、かいて みよう。

① （　　　）糸車を つかう。
② はりと（　　　）糸。
③ たこ □《いと》で しばる。
④ ほそい □《いと》。

目

よみかた
モク （ボク）
め （ま）

★ 目目目目目

5かく

46ページ

つかいかた

目《もく》ひょうを きめる。
あさ 目《め》が さめる。
そっと 目《め》を つぶる。

よんで みよう、かいて みよう。

① （　　　）目を とじる。
② （　　　）目を さます。
③ □《め》じるしを つける。
④ 大きな □《め》。

かきじゅん 1 2 3 4 5 まちがえやすいところ…★

玉

わすれない
ながく

よみかた
ギョク
たま(だま)

玉 玉 玉 玉 玉
5かく

46ページ

つかいかた

玉《ぎょく》せきが　いりまじる。
大きな　目玉《めだま》。
玉《たま》のりを　する。
水玉《みずたま》もようの　ふく。

おぼえよう

「玉」は、まるい　ものや　うつくしい　ものの　こと。
ボールの「たま」は、べつの　字を　つかいます。
さいごの「、」(てん)を　わすれずに　かきましょう。

玉

よんで　みよう、かいて　みよう。

① 目玉（　　）やき。
② 玉（　　）を　みがく。
③ □□（たまて）ばこ。
④ シャボン□（だま）。

村

みじかく　とめる
はらう　はねる
とめる

よみかた
ソン
むら

村 村 村 村 村 村 村
7かく

49ページ

つかいかた

村《そん》ちょうを　えらぶ。
村《むら》へ　おりる。
村《むら》の　人たち。
にぎやかな　村《むら》まつり。

ちゅうい

木（みじかく　とめる）

「村」の　ひだりの「木」の　かたちに　気を　つけましょう。「木」の　つく　かん字には、ほかに「校」(37ページ)や「林《はやし》」(80ページ)などが　あります。

よんで　みよう、かいて　みよう。

① しずかな　村（　　）。
② まちと　村（　　）。
③ □（むら）で　くらす。
④ □□（むらびと）たち。

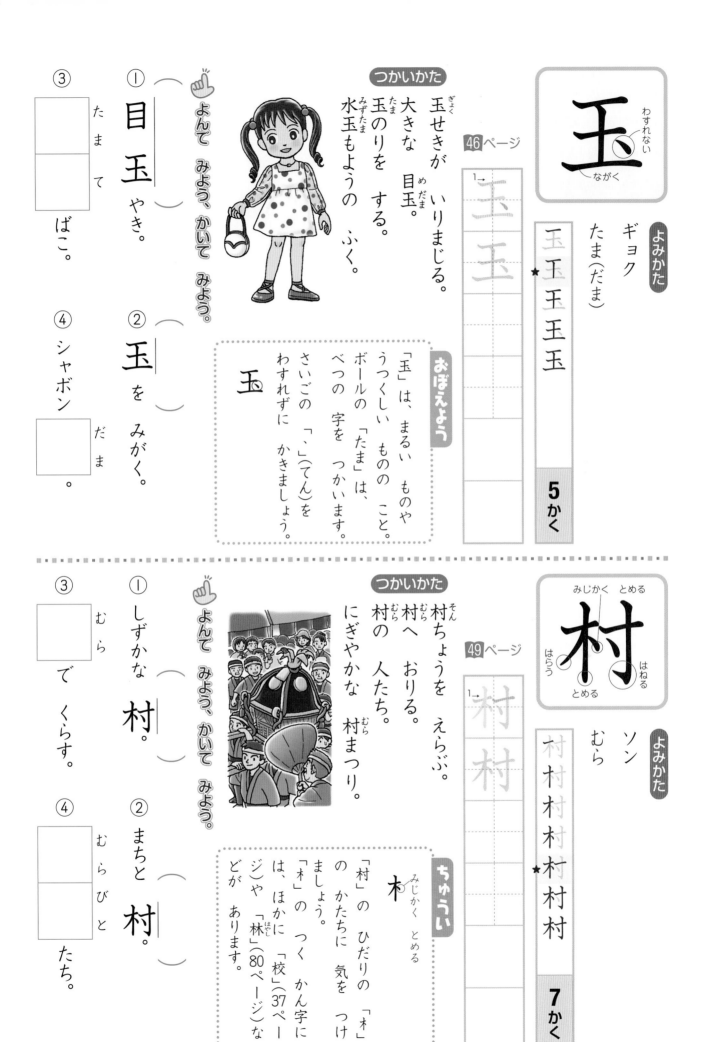

白

したを　みじかく

よみかた
ハク　(ビャク)
しろ　しろい　しら

白白白白白　5かく

50ページ

つかいかた
白《はく》ちょうが　とびたつ。
白《しろ》ぐみが　かつ。
白《しろ》い　せんを　ひく。
白《しら》なみが　うちよせる。

ちゅうい
かたちの　にて　いる　かん字に　気を　つけましょう。
「白」に　「一」を　たすと　百《ヒャク》(74ページ)
「白」から　「ノ」を　ひくと　日《ひ》(42ページ)

よんで　みよう、かいて　みよう。

① 白い　糸。(　　)
② 白い　もよう。(　　)
③ □《しろ》い　ぼうし。
④ □《しろ》い　かみに　かく。

土

ながく

よみかた
ド　ト
つち

土土土　3かく

50ページ

つかいかた
土間《どま》に　おりる。
ねん土《ど》で　あそぶ。
土《と》ちを　たがやす。
たのしい　土《つち》あそび。

できかた
つちを　まるめて　たてた　ようすから　できました。

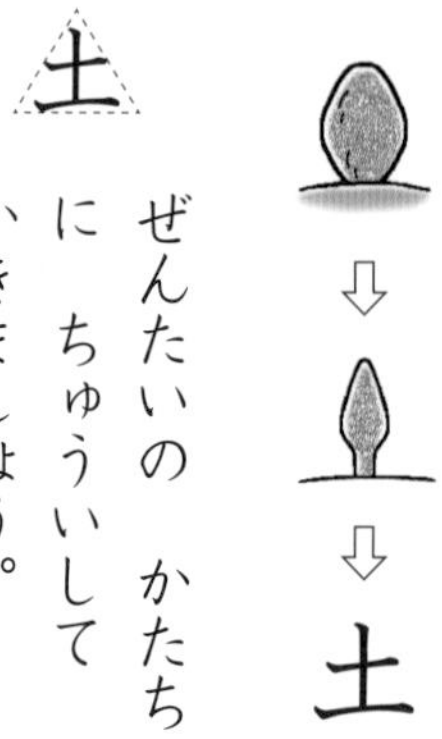

ぜんたいの　かたちに　ちゅういして　かきましょう。

よんで　みよう、かいて　みよう。

① ひろい　(　　)土間《ま》。
② 土(　　)そくきんし。
③ ねん□《ど》を　こねる。
④ □《ど》よう日。

音

まっすぐ

ながく

よみかた

オン　（イン）

おと　ね

音音音音音音音音音

9かく

50ページ

つかいかた

音《おん》がくの　じかん。

ベルの　音《おと》が　きこえる。

もの音《おと》が　する。

むしの　音《ね》を　きく。

ちゅうい

音　音

「立」と「日」を　おなじくらいの　大きさで　かきます。

「立」の　下の　よこぼうは、ながく　かきます。

よんで　みよう、かいて　みよう。

① あし　音（　　）が　ひびく。

② 音（　　）を　きく。

③ □《おと》を　たてる。

④ 大きな　□《おと》。

よみかたが　あたらしい　かん字

44ページ	車《くるま》　糸車《いとぐるま》
49	下《おりる》　下《お》りる

二かいずつ　かいて　れんしゅうしよう

糸車　目玉　村の人　下りる　白い　川の音

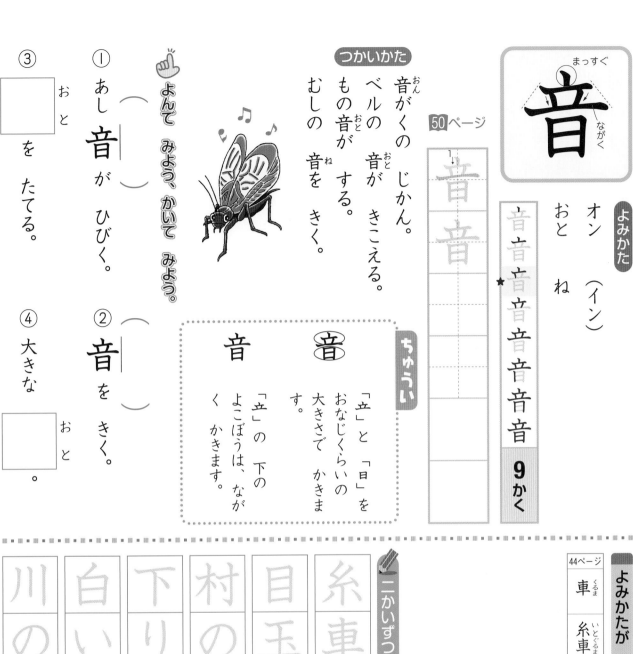

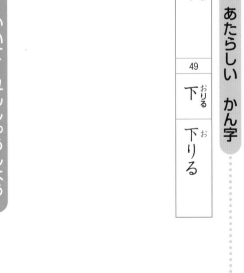

すきな　ところを　見つけよう

れんしゅうワーク

たぬきの　糸車

きょうかしょ　下44～55ページ
こたえ　4ページ

べんきょうした日　月　日

1 あたらしい　かん字を　よみましょう。

①（44ページ）糸車を　まわす。
②　くりくりした　目玉。
③　村へ　いく。
④　山を　下りる。
⑤　白い　糸の　たば。
⑥　いえの　土間《ま》。
⑦　音が　きこえる。
⑧　目を　ひらく。
⑨　玉を　ころがす。

2 あたらしい　かん字を　かきましょう。

①（44ページ）□□《いとぐるま》の　しくみ。
②　□□《めだま》を　まわす。
③　□《むら》の　まつり。
④　さかを　□《お》りる。
⑤　□《しろ》い　くも。
⑥　□《ど》間《ま》を　そうじする。

⑦ □《おと》を だす。

⑧ □《め》を こする。

⑨ けいとの □《たま》。

3 かん字の れんしゅう

これまでに ならった かん字を かきましょう。

① たからものを □《み》つける。

② □《やま》おくで くらす。

③ まるい □《つき》。

④ ふと □《き》が つく。

⑤ □《ふた》つの めだま。

⑥ □《き》を きりたおす。

⑦ なれた □《て》つき。

4 文を かきましょう。――は かん字で かきましょう。（ふとい 字は、この かいで ならった かん字を つかった ことばです。）

① きの うえから **おり**る。

□

② そらの **しろ**い くも。

□

③ あめの **おと**が きこえる。

□

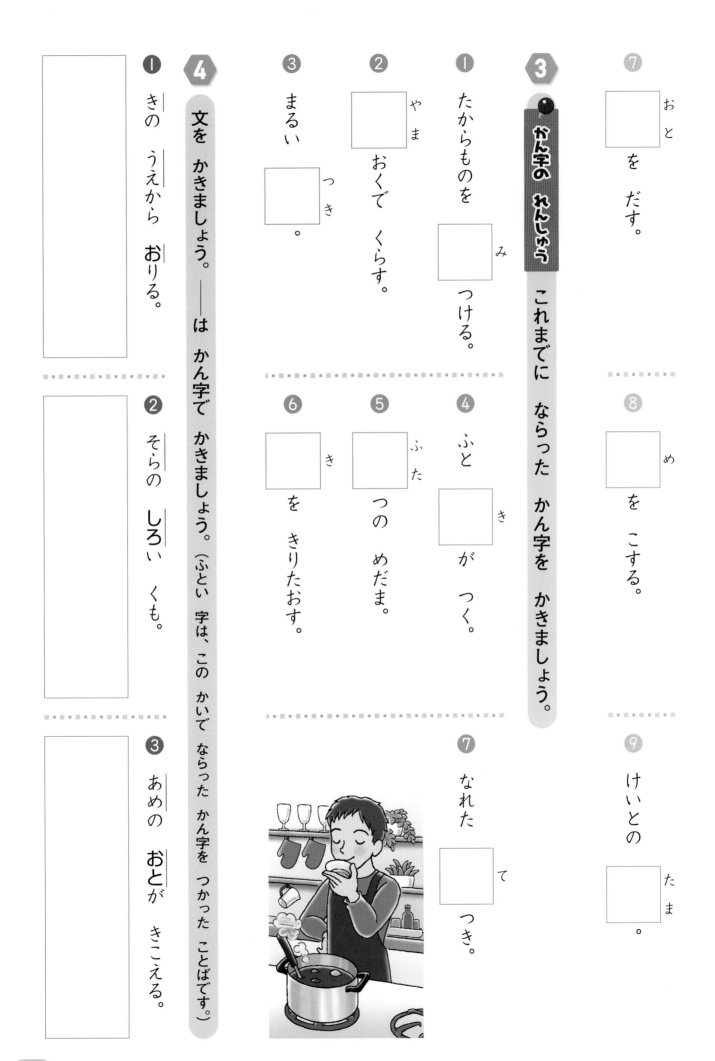

きほんのワーク

日づけと　よう日

きょうかしょ　下56〜57ページ

こたえ　4ページ

べんきょうした日　　月　　日

日づけと　よう日

花

はらう　はねる　とめる　まげる

よみかた

カ

はな

花花花花花花花 ★

7かく

56ページ

つかいかた

にわの　花《か》だん。

花《はな》の　さく　きせつ。

みんなで　花見《はなみ》を　する。

よんで　みよう、かいて　みよう。

①（　　）花が　さく。

②（　　）花びらが　ちる。

③ □《はな》たばを　おくる。

④ 小さな　□《はな》。

◆「よみかた」の　あかい　字は　きょうかしょで　つかわれて　いる　よみです。

休

はらう　はらう　とめる

よみかた

キュウ

やすむ（やすみ）

やすまる

やすめる

休休休休休休 ★

6かく

57ページ

つかいかた

すこし　休《きゅう》けいする。

なつ休《やす》みに　なる。

からだを　休《やす》める。

よんで　みよう、かいて　みよう。

① なつ（　　）休み。

② 五ふんかん（　　）休む。

③ ふゆ □《やす》み。

④ かぜで　□《やす》む。

虫

とめる
ななめに　はらう

よみかた

チュウ
むし

虫虫虫虫虫虫

6かく

57ページ

虫　虫

つかいかた

こん虫《ちゅう》さいしゅう。
ちょうの　よう虫《ちゅう》。
あきに　なく　虫《むし》。
虫《むし》めがねで　見る。

できかた

へびが　はって　いる　かたちから　できました。

生きものを　あらわす　ほかにも、「なき虫」など、人を　あらわす　ことも　あります。

よんで　みよう、かいて　みよう。

①（　）虫が　なく。
②（　）虫を　つかまえる。
③ てんとう □《むし》。
④ □《むし》 とりあみ。

金

つける
はらう
はらう
ながく

よみかた

キン　コン
かね　かな

金金金金金金金金

8かく

57ページ

金　金

つかいかた

金《きん》よう日の　じゅぎょう。
おう金《ごん》の　くびかざり。
お金《かね》を　ちょ金《きん》する。
金《かな》ぐで　とめる。

ちゅうい

○金　×金

「﹅」の　むきに　気を　つけて　かきましょう。「﹅」は、つちの　なかに　まじって　いる　ひかる　つぶを　あらわします。

よんで　みよう、かいて　みよう。

① お（　）金を　ためる。
②（　）金よう日の　天気。
③ はり □《がね》。
④ □《きん》 メダルを　とる。

よみかたが　あたらしい　かん字

ページ	かん字	ことば
56ページ	月《ガツ》	一月《いちがつ》
56	正《ショウ》	お正月《しょうがつ》
56	日《か》	三日《みっか》
56	六《むい》	六日《むいか》
56	七《なの》	七日《なのか》
56	天《あま》	天《あま》の川
56	大《ダイ》	大《だい》すき
56	日《ニチ》	日《にち》よう日
56	月《ゲツ》	月《げつ》よう日
56	火《カ》	火《か》よう日
56	水《スイ》	水《すい》よう日
57	八《よう》	八日《ようか》
57	木《モク》	木《もく》よう日
57	金《キン》	金《きん》よう日
57	土《つち》	土《つち》あそび

二かいずつ　かいて　れんしゅうしよう

お正月

ももの花

天の川

大すき

火よう日

なつ休み

虫のこえ

お金

土あそび

れんしゅうのワーク 日づけと よう日

きょうかしょ ㊦56～57ページ

こたえ 5ページ

べんきょうした日 月 日

1 あたらしい かん字を よみましょう。

① 56ページ 一月一日《ついたち》。

② お正月を むかえる。

③ 三月三日。

④ ももの花。

⑤ 六月六日。

⑥ 七月七日。

⑦ 天の川が 見える。

⑧ 大すきな こと。

⑨ つぎの日よう日。

⑩ 月よう日。

⑪ 火よう日。

⑫ 水よう日。

⑬ 八月八日。

⑭ なつ休みが くる。

⑮ 虫の こえが きこえる。

⑯ 木よう日。

⑰ だいじな お金。

⑱ 金よう日。

⑲ 土（　　）あそびを する。

⑳ さくらの 花見（　　）。

㉑ かぜで 学校を 休（　　）む。

2 あたらしい かん字を かきましょう。

① 56ページ □□《いちがつ》の できごと。

② お□□《しょうがつ》の あそび。

③ □□《みっか》だけ まつ。

④ のはらの □《はな》を つむ。

⑤ □□《むいか》が すぎる。

⑥ □□《なのか》 かかる。

⑦ うつくしい □《あま》の川。

⑧ □《だい》すきな たべもの。

⑨ □《にち》ようび。

⑩ □《げつ》ようび。

⑪ □《か》ようび。

⑫ □《すい》ようび。

⑬ □□《ようか》が たつ。

⑭ なつ□《やす》みの にっき。

⑮ □《むし》を さがす。

⑯ □《もく》ようび。

⑰ お□《かね》を はらう。

⑱ □《きん》ようび。

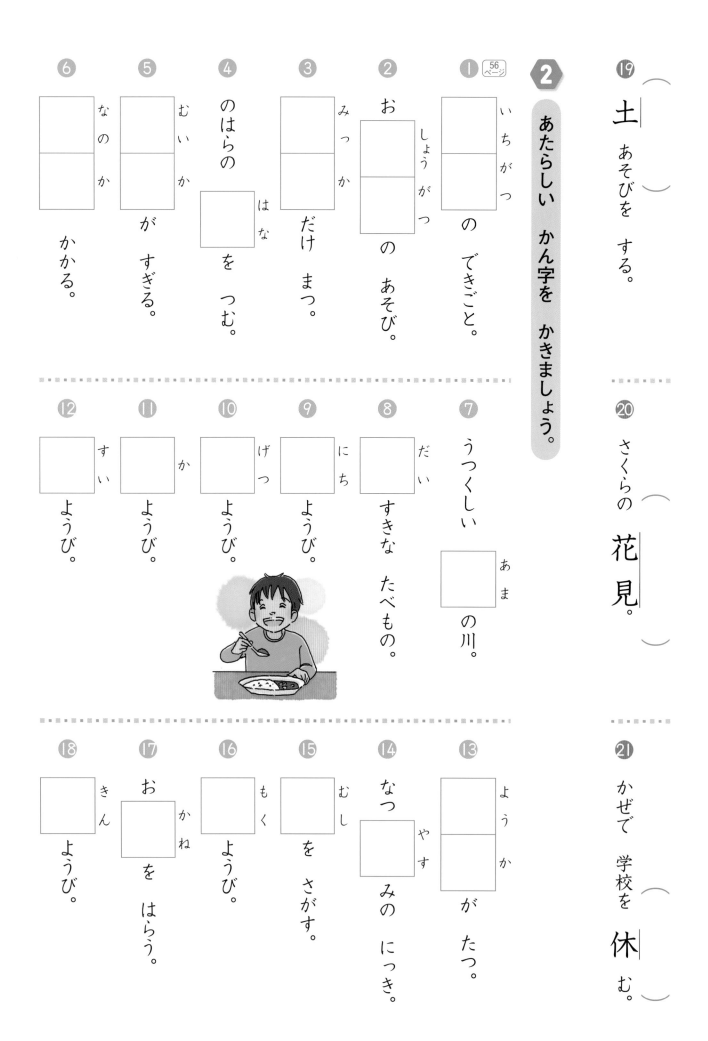

19 □《つち》あそびで よごれる。

20 □□《はなみ》を する。

21 ゆっくり □《やす》む。

3 もういちど あたらしい かん字を かきましょう。

1 □□《なのか》めの こと。

2 らいしゅうの □《か》ようび。

3 □《だい》すきな うた。

4 □《やす》みじかんに なる。

5 □《すい》ようびの よてい。

6 お□《かね》を かぞえる。

7 □《むし》を みつける。

8 まいしゅう □《げつ》ようび。

9 □《きん》ようびの よる。

10 □□《ようか》ごに いく。

11 お□□《しょうがつ》の かざり。

12 □《つち》を こねる。

13 □《もく》ようびに あそぶ。

14 あしたは □《にち》ようびだ。

15 □□《むいか》かんの たび。

16 □《あま》の川の ほし。

17 □《はな》びらが まう。

18 二がつ □□《みっか》。

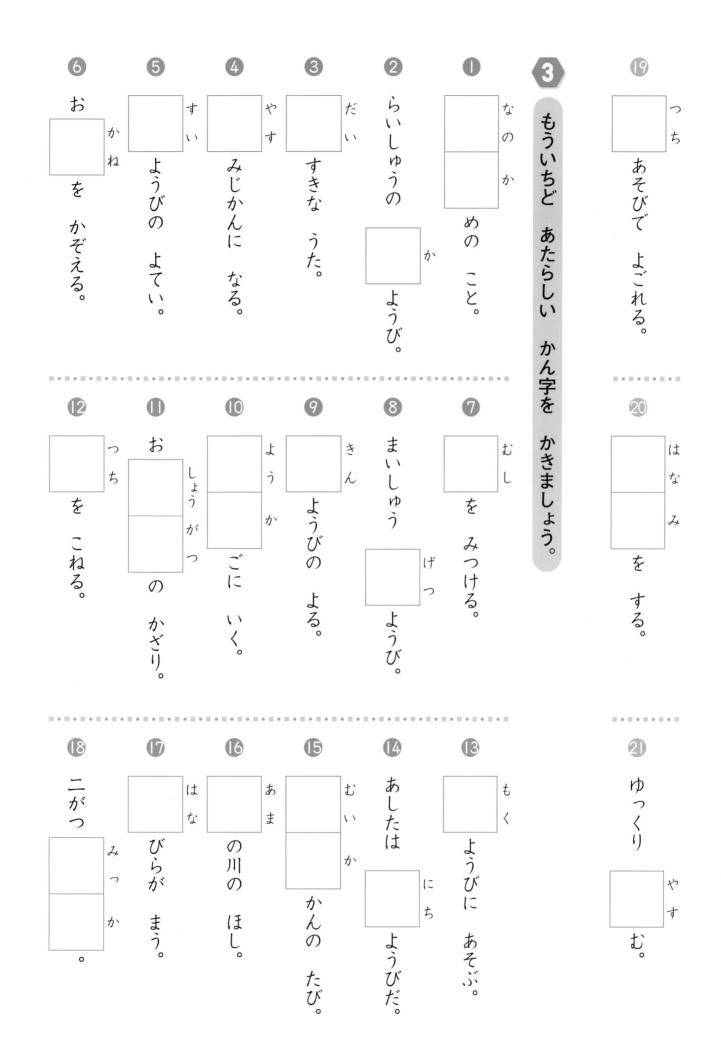

きほんのワーク むかしばなしを よもう おかゆの おなべ

きょうかしょ 下60～73ページ
こたえ 5ページ
べんきょうした日 月 日

◆「よみかた」の あかい 字は きょうかしょで つかわれて いる よみです。

むかしばなしを よもう

本（はらう・はらう・とめる）

よみかた ホン もと

60ページ

★本本本本本

5かく

つかいかた
おもしろい 本《ほん》を よむ。
四本《よんほん》の ふとい はしら。
本《もと》を 正す。

よんで みよう、かいて みよう。

①（　　）本を よむ。

②（　　）手本を 見る。

③ □《ほん》やさんに いく。

④ □□《いっぽん》の せん。

おかゆの おなべ

森（はらう・みじかく とめる・とめる）

よみかた シン もり

63ページ

★森森森森森森森森森森森森

12かく

つかいかた
森《しん》りんを まもる。
ふかい 森《もり》に はいる。
おいしげった 森《もり》。

よんで みよう、かいて みよう。

①（　　）森に すむ りす。

②（　　）森の なか。

③ みどりの □《もり》。

④ □《もり》の どうぶつ。

かきじゅん 1 2 3 4 5　まちがえやすいところ…★

出

ながく　すこし　だす

よみかた

シュツ　（スイ）

でる　だす

出 出 出 出 出

5かく

64ページ

つかいかた

八じに　出《しゅっ》ぱつする。

月が　出《で》る。

おかあさんと　出《で》かける。

水を　出《だ》す。

おぼえよう

二かく目と　四かく目の　「凵」は、それぞれ　一かいで　かきます。

○ 丨 屮 屮 出 出

× 丨 刂 屮 屮 出 出 出

はんたいの　いみの　ことば

出《で》る ⟷ はいる

よんで　みよう、かいて　みよう。

① そとに　出（　　）る。

② くもが　出（　　）て　くる。

③ こえが　□《で》る。

④ □《で》ぐちに　むかう。

中

おなじ　くらい

よみかた

チュウ　ジュウ

なか

中 中 中 中

4かく

65ページ

つかいかた

水中《すいちゅう》に　もぐる。

うち中《じゅう》　さがしまわる。

一日中《いちにちじゅう》　本を　よむ。

中《なか》を　たしかめる。

ちゅうい

かきじゅんに　気を　つけましょう。

○ 丶 冂 口 中

× 丶 冂 巾 中

「口」を　かいてから、さいごに　たてぼうを　かきましょう。

よんで　みよう、かいて　みよう。

① はこの　中（　　）。

② うち中（　　）に　ひびく。

③ こころの　□《なか》。

④ せかい　□《じゅう》の　人。

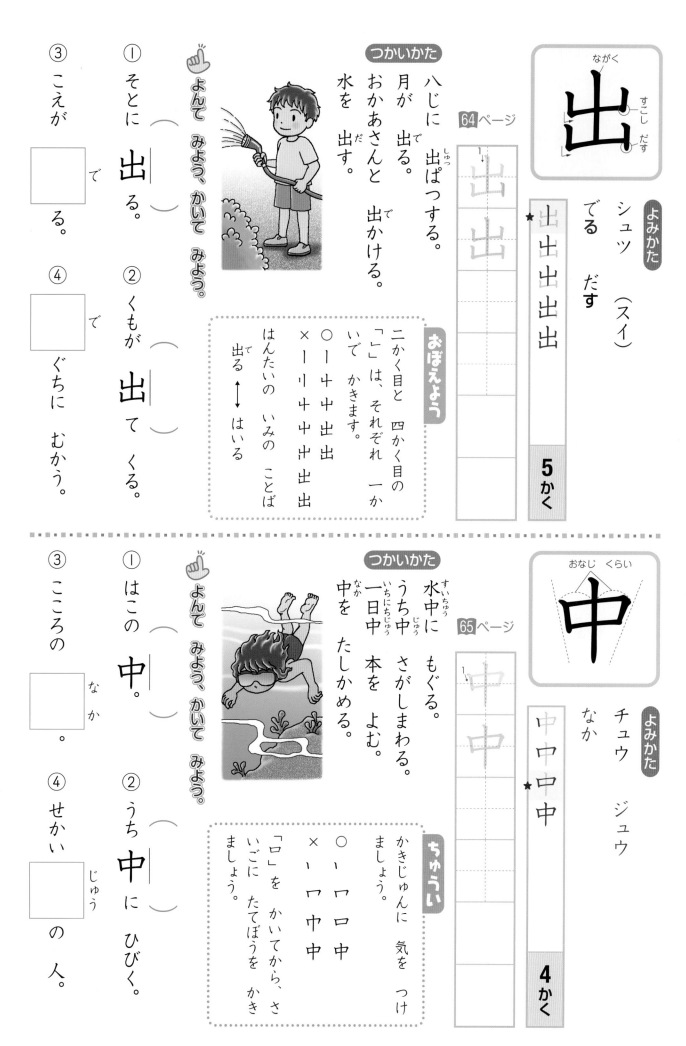

町

はねる

よみかた
チョウ
まち

町（7かく）

67ページ

つかいかた

町《ちょう》ないの　大そうじ。
町《ちょう》ちょうの　あいさつ。
町《まち》に　出かける。
町《まち》なみを　見わたす。

おぼえよう

「町」は、人が　おおく　すむ　ところです。また、「○○町△ちょうめ」のように、すむ　ところを　しめす　ときにも　つかいます。

よんで　みよう、かいて　みよう。

① にぎやかな　町（　　）。
② 町（　　）を　あるく。
③ ふるい　□《まち》なみ。
④ となり　□《まち》に　いく。

入

はらう　はらう

よみかた
ニュウ
いる　いれる　はいる

入（2かく）

72ページ

つかいかた

入学《にゅうがく》しきの　しゃしん。
かばんに　本を　入《い》れる。
へやに　入《はい》る。

よんで　みよう、かいて　みよう。

① いえの　中に　入（　　）る。
② そとから　入（　　）る。
③ みせの　中に　□《はい》る。
④ にわに　□《はい》る。

よみかたが　あたらしい　かん字

70ページ
中《ジュウ》
うち中《じゅう》

れんしゅうのワーク
むかしばなしを よもう おかゆの おなべ

きょうかしょ 下60～73ページ
こたえ 5ページ

べんきょうした日　月　日

1 あたらしい かん字を よみましょう。

① 60ページ むかしばなしの 本（　　）。

② 62ページ 森（　　）に いく。

③ おかゆが 出（　　）る。

④ おなべの 中（　　）。

⑤ 町（　　）の そと。

⑥ うち中（　　）に あふれる。

⑦ 町に 入（　　）る。

⑧ とおくへ 出（　　）かける。

2 あたらしい かん字を かきましょう。

① 60ページ 一さつの □《ほん》。

② 62ページ □《もり》の おく。

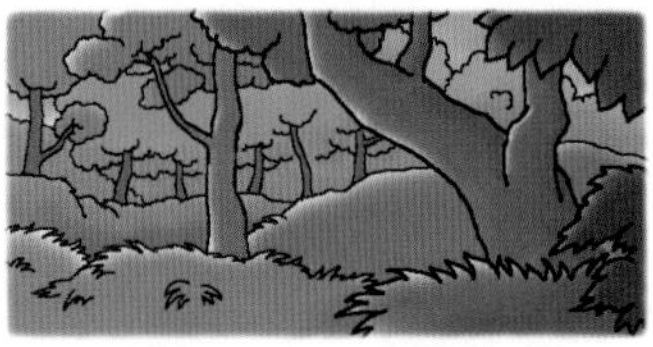

③ たいようが □《で》る。

④ へやの □《なか》。

⑤ □□《まちじゅう》を さがす。

⑥ とびらから □《はい》る。

ふゆ休み まとめのテスト①

きょうかしょ 上102～下73ページ

こたえ 5ページ

じかん 20ぷん

とくてん　/100てん

べんきょうした日　月　日

1 ――せんの かんじの よみかたを かきましょう。 一つ2（24てん）

① 大（　　）きい りんごを 二（　　）つ かう。

② 男（　　）の 子（　　）が 十（　　）にん いる。

③ 先生（　　）に むかって 手（　　）を ふる。

④ じぶんの 文（　　）しょうを 見（　　）せる。

⑤ 正（　　）しい しせいで すわる。

⑥ 田（　　）んぼに 水（　　）を ひく。

2 □に かんじを かきましょう。 一つ2（24てん）

① まつの □《き》。

② □《ちい》さい 子。

③ □□《しがつ》。

④ □《ろく》さい。

⑤ □《なな》いろ。

⑥ □《はち》まい。

⑦ はれた □《そら》。

⑧ □《おんな》の子。

⑨ □《てん》に のぼる。

⑩ □□《がっこう》。

⑪ □《うえ》を むく。

⑫ つくえの □《した》。

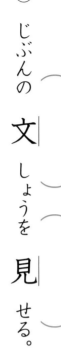

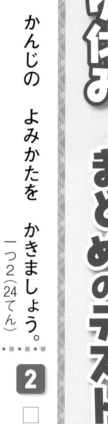

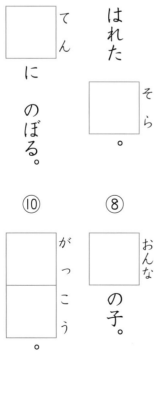

3 つぎの かんじは なんかくで かきますか。□に すうじで かきましょう。 一つ4(8てん)

① 出 □かく

② 糸 □かく

4 つぎの えから どんな かんじが できましたか。□に かんじを かきましょう。 一つ5(20てん)

①  …… □

②  …… □

③ 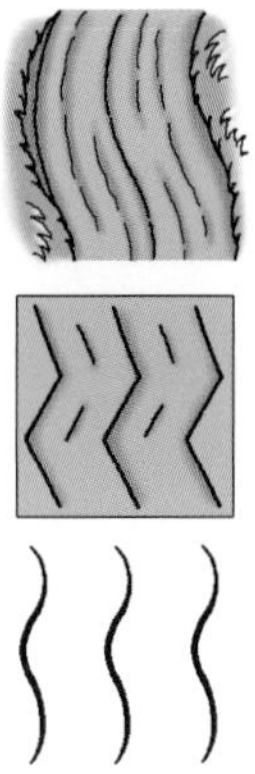 …… □

④ 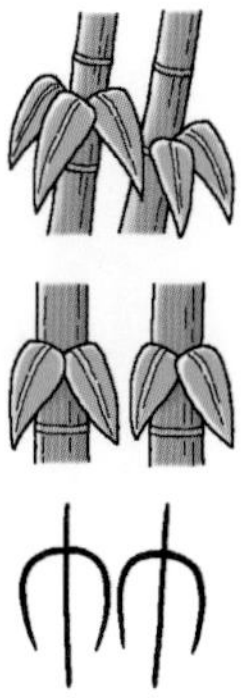 …… □

5 つぎの えの ものの かずを かぞえて、□に かんじを つかって かきましょう。 一つ4(8てん)

(れい)  一こ

①  □

②  □

6 つぎの かんじの ぶぶんに、□の かんじの ぶぶんを くみあわせて 正しい かんじを つくり、□に かきましょう。 一つ4(16てん)

① 宀 □

② 龶 □

③ 穴 □

④ 木 □

工 交 月 子

ふゆ休み まとめのテスト②

きょうかしょ 上102～下73ページ

こたえ 6ページ

じかん 20ぷん

とくてん　　/100てん

べんきょうした日　　月　　日

1 ——せんの かん字の よみかたを かきましょう。 一つ2（24てん）

① じどう車に 人を のせる。

② 村で たいこの 音が する。

③ 花の まわりを 虫が とぶ。

④ なつ休みに 天の川を みた。

⑤ 大すきな 本を よむ。

⑥ たてものの 中から 出る。

2 □に かん字を かきましょう。 一つ2（24てん）

① つり□《あ》げる。

② □《き》を つける。

③ □《いと》車を まわす。

④ □《め》□《だま》やき。

⑤ さかを □《お》りる。

⑥ □《しろ》い とり。

⑦ お□《しょう》□《がつ》。

⑧ お□《かね》を だす。

⑨ □《つち》あそび。

⑩ ふかい □《もり》。

⑪ □《まち》の ようす。

⑫ みせに □《はい》る。

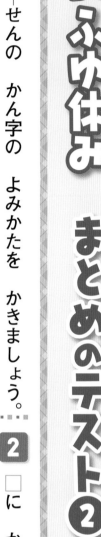

3 つぎの かん字の ただしい かきじゅんに、○を つけましょう。 一つ2（4てん）

① 車
- ア（　）一 丆 戸 百 亘 車
- イ（　）一 丆 戸 百 亘 車

② 雨
- ア（　）一 丅 丅 币 雨 雨 雨 雨
- イ（　）一 「 冂 币 雨 雨 雨 雨

4 よう日を あらわす かん字を □に かきましょう。 一つ3（21てん）

① □《にち》よう日 → ② □《げつ》よう日 → ③ □《か》よう日 → ④ □《すい》よう日 → ⑤ □《もく》よう日 → ⑥ □《きん》よう日 → ⑦ □《ど》よう日

5 つぎの 日づけの よみかたを かきましょう。 一つ3（12てん）

① 三日（　　）　② 六日（　　）

③ 七日（　　）　④ 八日（　　）

6 ——せんの ことばを、かん字と ひらがなで かきましょう。 一つ3（15てん）

① ただしい かきかた。［　　］

② かおを あげる。［　　］

③ ひとつの おにぎり。［　　］

④ しゃしんを みせる。［　　］

⑤ つよく いきる。［　　］

きほんのワーク

どうぶつの 赤ちゃん
ものの 名まえ

きょうかしょ 下80〜95ページ

こたえ 6ページ

べんきょうした日　月　日

どうぶつの 赤ちゃん

赤

ながく　とめる　はらう　はねる

よみかた

セキ （シャク）

あか　あかい　あからむ　あからめる

赤赤赤赤★赤赤赤

7かく

80ページ

つかいかた

赤《せき》はんを たべる。

赤《あか》ちゃん。 赤《あか》い 花。

かおを 赤《あか》らめる。

よんで みよう、かいて みよう。

① 赤（　　）ちゃんが わらう。

② 赤（　　）しんごう。

③ □《あか》いろの ふく。

④ □《あか》とんぼ。

◆「よみかた」の 赤い 字は きょうかしょで つかわれて いる よみです。

耳

つきだす　ながく　ななめに はらう

よみかた

（ジ）

みみ

耳耳耳★耳耳耳

6かく

81ページ

つかいかた

じっと 耳《みみ》を すます。

パンの 耳《みみ》を たべる。

耳《みみ》に たこが できる。

よんで みよう、かいて みよう。

① うさぎの ながい 耳（　　）。

② 目と 耳（　　）。

③ □《みみ》たぶに さわる。

④ みぎの □《みみ》。

かきじゅん 1 2 3 4 5　まちがえやすいところ…★

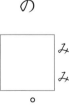

王

すこし みじかく

さいごは ながく

よみかた

オウ

王王王王

4かく

81ページ

つかいかた

はだかの 王《おう》さま。
やさしい 女王《じょおう》さま。
エジプトの 王《おう》の はか。
あたらしい 王《おう》。

ちゅうい

よみかたを かく ときは 「おう」です。「おお」では ないので、気を つけましょう。

よんで みよう、かいて みよう。

① 王（　）さまに なる。

② はつめい 王（　）。

③ □《おう》じさま。

④ こく□《おう》の けらい。

口

したを みじかく

よみかた

コウ　ク
くち

口口口

3かく

82ページ

つかいかた

人口《じんこう》を しらべる。
はげしい 口《く》ちょう。
あめを 口《くち》に いれる。
口《くち》げんかを する。

できかた

くちの かたちから できました。

かく ときは 四かくでは なく、三かくで かく ことに 気を つけましょう。

よんで みよう、かいて みよう。

① 口（　）を あける。

② 口（　）ぶえを ふく。

③ □《くち》を おさえる。

④ いり□《ぐち》を さがす。

年

ながく
うえと したに つける

よみかた
ネン
とし

6かく

82ページ

つかいかた

一年《いちねん》が　すぎる。
おなじ　学年《がくねん》の　人。
あたらしい　年《とし》。
年上《としうえ》の　ともだち。

ちゅうい

かきじゅんに　気を　つけましょう。

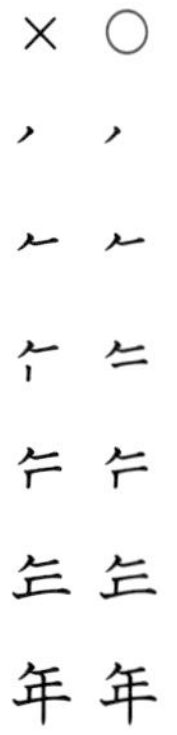

二つの　よみかたが　あります。
年《ねん》《とし》　月《げつ》《つき》

よんで　みよう、かいて　みよう。

① 一年（　　）ごの　こと。
② おなじ　学年（　　）。
③ ながい　□□《ねんげつ》。
④ □《ねん》がじょう。

立

まっすぐ
ながく

よみかた
リツ　（リュウ）
たつ　たてる

5かく

83ページ

つかいかた

立《りっ》たいこうさてん。
ちょうじょうに　立《た》つ。
立《た》ちいりきんしに　なる。
よていを　立《た》てる。

できかた

人が　たって　いる　かたちから　できました。

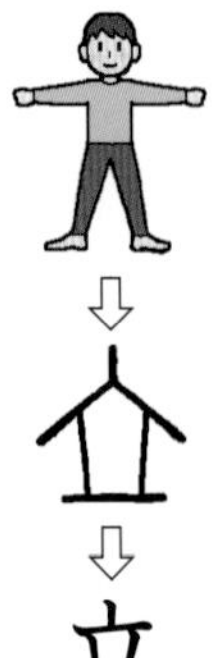

たてものなどには　べつの　字を　つかいます。
×　いえが　立つ。

よんで　みよう、かいて　みよう。

① まっすぐ　立（　　）つ。
② ぼうを　立（　　）てる。
③ □《た》ち上がる。
④ □《た》てふだ。

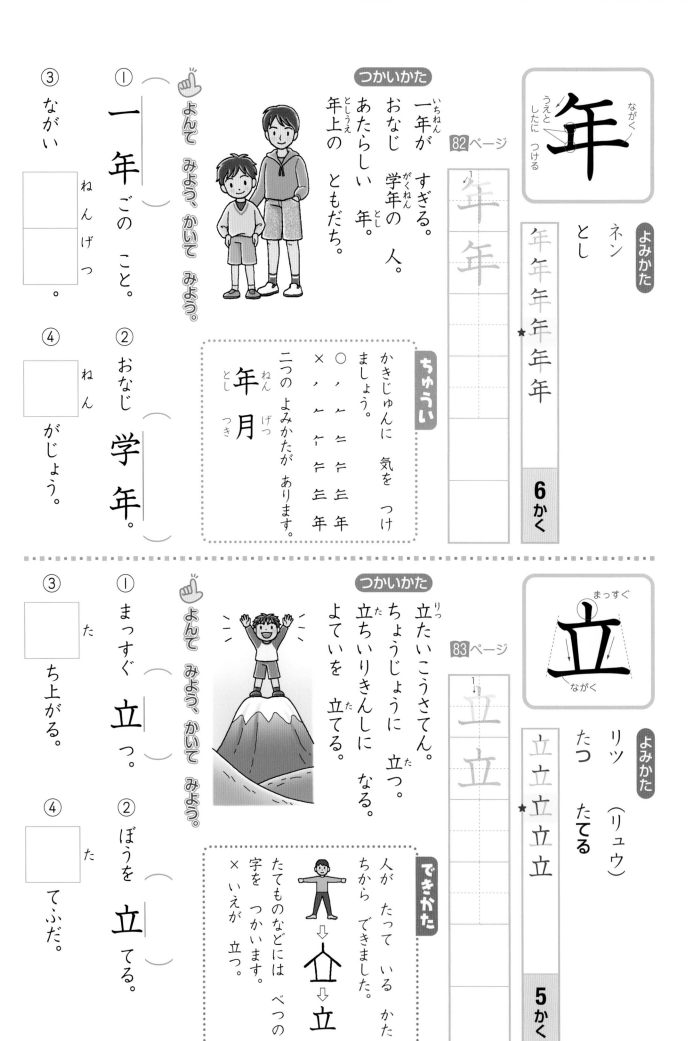

よみかた
ソウ
くさ

草草草草草草草草草
9かく

85ページ

つかいかた
ざっ草《そう》を　ぬく。
草《そう》げんを　はしる　うま。
せの　たかい　草《くさ》。
水草《みずくさ》が　ゆれる。

できかた
「艹」は、くさの　かたち
から　できました。

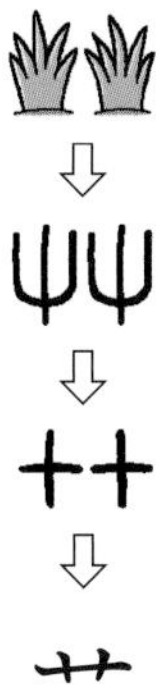

「花」（56ページ）など、
くさや　木に　かんけいの
ある　かん字に　つきます。

よんで　みよう、かいて　みよう。

①　みどりの　草（　　）。
②　草（　　）を　たべる　うし。
③　□《くさ》を　むしる。
④　□《くさ》もちを　たべる。

ものの　名まえ

よみかた
メイ
ミョウ
な

名名名名名名
6かく

90ページ

つかいかた
ゆう名《めい》な　かしゅ。
本名《ほんみょう》を　名《な》のる。
名《な》まえを　よぶ。

できかた
ゆうがたの　くらく　なった
ときに、だれだか　わかる
ように、じぶんの　なまえ
を　なのった　ことから
できました。

夕（ゆう）がた
＋
口（くち）でいう
＝
名

よんで　みよう、かいて　みよう。

①　名（　　）まえを　かく。
②　いぬの　名（　　）まえ。
③　□《な》ふだを　つける。
④　□《な》まえを　きく。

夕

みじかく はらう
つきださない
ながく はらう

よみかた：ゆう（セキ）

夕 夕 夕

3かく

90ページ

つかいかた

夕《ゆう》がたまでに かえる。
夕日《ゆうひ》が しずむ。
きれいな 夕《ゆう》やけ。
夕《ゆう》ごはんの じかんだ。

できかた

三日月《みかづき》が 空に 出る ようすから できました。

「月」（45ページ）と いう かん字の できかたと よく にて いますね。

よんで みよう、かいて みよう。

① 夕（　　）がたに なる。
② しんぶんの 夕（　　）かん。
③ □《ゆう》ぐれの 空。
④ まっかな □《ゆう》やけ。

百

ながく

よみかた：ヒャク

百 百 百 百 百 百

6かく

90ページ

つかいかた

百《ひゃく》にんの 子どもたち。
百《ひゃく》メートル はしる。
テストで 百《ひゃく》てんを とる。
百《ひゃっ》かい つづける。

おぼえよう

「百」には、「たくさん」と いう いみも あります。「百かじてん」は、たくさんの ことがらに ついて のせた じてんの ことです。

よんで みよう、かいて みよう。

① 百（　　）えん玉。
② 三百（　　）えん。
③ □《ひゃっ》かじてんを 見る。
④ □□《はっぴゃく》ばん。

円

つきださない
とめる
はねる

よみかた
エン
まるい

円円円円

4かく

90ページ

円

つかいかた

大きな 円《えん》を かく。
五百円《ごひゃくえん》の 本。
円《まる》い わに なる。
円《まる》く きりぬく。

おぼえよう

日本の お金は 「円」で かぞえます。
アメリカは 「ドル」、
イギリスは 「ポンド」、
中国《ちゅうごく》は 「元《げん》」 などで
かぞえます。

よんで みよう、かいて みよう。

① 円を かく。（　　）

② 五百円を だす。（　　）

③ □□《ひゃくえん》。

④ □□《じゅうえん》の おつり。

千

おなじくらい
ながく

よみかた
セン
ち

千千千

3かく

91ページ

千

つかいかた

千円《せんえん》さつで はらう。
三千《さんぜん》メートルの 山。
千《ち》よがみで つるを おる。
千《ち》とせあめを なめる。

よんで みよう、かいて みよう。

① 千まいの かみ。（　　）

② 千円で かう。（　　）

③ □□《ごせん》メートル。

④ □《せん》ばづる。

よみかたが あたらしい かん字

80ページ	
生《うま》れる	生《う》まれる
91	
出《だす》	出《だ》す

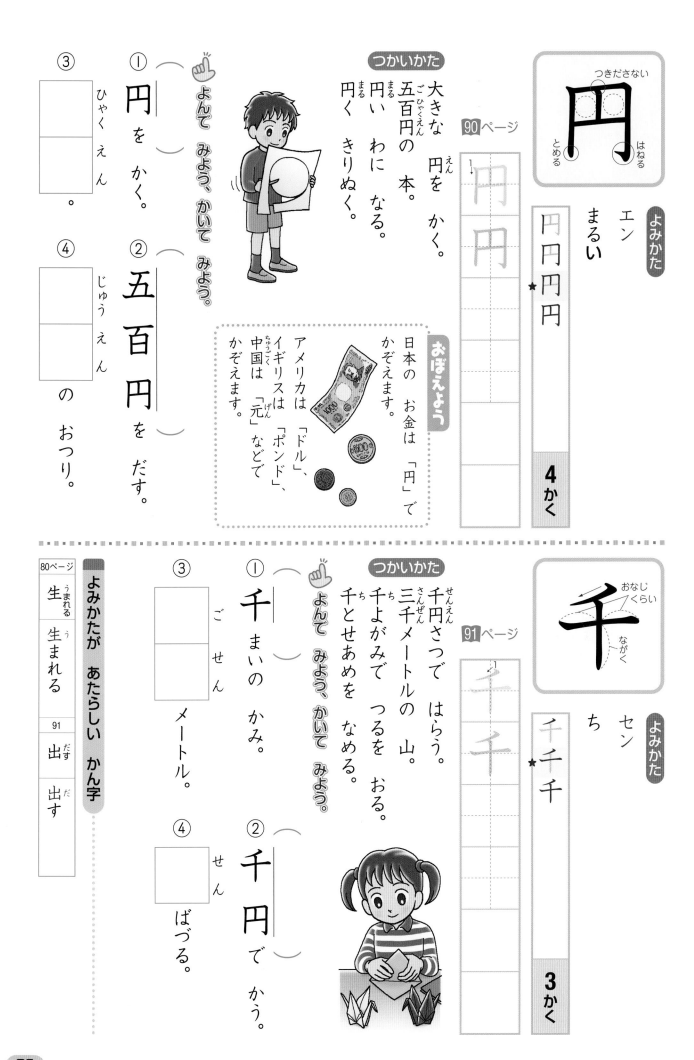

れんしゅうのワーク どうぶつの 赤ちゃん ものの 名まえ

きょうかしょ 下80～95ページ

こたえ 7ページ

べんきょうした日 月 日

1 あたらしい かん字を よみましょう。

① 80ページ どうぶつの 赤（　）ちゃん。

② 子どもが 生（　）まれる。

③ ライオンの 耳（　）。

④ どうぶつの 王（　）さま。

⑤ 口（　）に くわえる。

⑥ 一年（　）が たつ。

⑦ 耳が 立（　）つ。

⑧ 草（　）を たべる。

⑨ 90ページ ものの 名（　）まえ。

⑩ 夕（　）がたに なる。

⑪ 五百円（　）の りんご。

⑫ 千円（　）さつ。

⑬ お金を 出（　）す。

⑭ 赤（　）の リボン。

⑮ いすの よこに 立（　）つ。

2 あたらしい かん字を かきましょう。

1 80ページ

□《あか》ちゃんが なく。

2 子ねこが □《う》まれる。

3 □《みみ》を すます。

4 □《おう》さまの はなし。

5 □《くち》で いう。

6 □□《いちねん》の おわり。

7 だいの 上に □《た》つ。

8 □《くさ》を ぬく。

9 90ページ

じぶんの □《な》まえ。

10 □《ゆう》がたの 六じ。

11 □□□《ごひゃくえん》。

12 一まいの □□《せんえん》さつ。

13 はこから □《だ》す。

3 かん字の れんしゅう

これまでに ならった かん字を かきましょう。

1 □《め》を あける。

2 とおくを □《み》る。

3 □□《さんじっ》ぷん たつ。

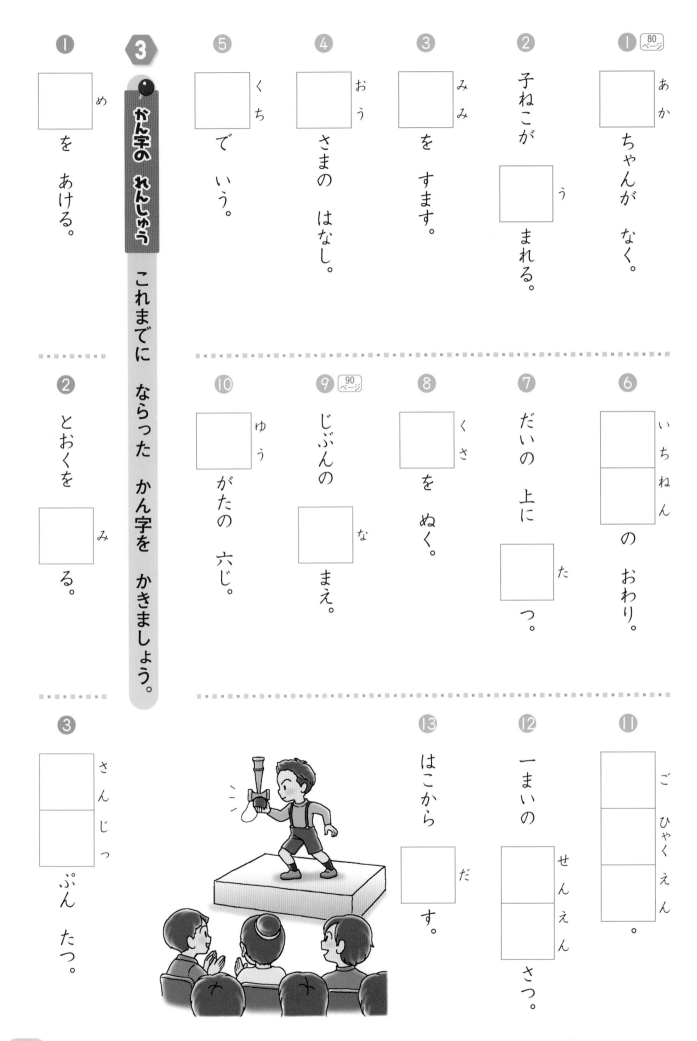

④ きゅうに 立ち□《あ》がる。

⑤ つぎの □《ひ》。

⑥ □《ちい》さい 子。

⑦ いちえん □《だま》。

⑧ ふくろの □《なか》。

⑨ □《ろっ》か月が すぎる。

⑩ □《まち》へ かいものに いく。

4 文を かきましょう。――は かん字で かきましょう。（ふとい 字は、この かいで ならった かん字を つかった ことばです。）

① **あか**ちゃんが **う**まれる。

② **みみ**に てを あてる。

③ **おう**さまが でかける。

④ むらに **いちねん** すむ。

⑤ **くさ**に むしが とまる。

⑥ **ごひゃくえん**を だす。

きほんのワーク

ずうっと、ずっと、大すきだよ／にて いる かん字
いい こと いっぱい、一年生

きょうかしょ 下108～125ページ

こたえ 7ページ

べんきょうした日　月　日

ずうっと、ずっと、大すきだよ

犬（わすれない／はらう）

よみかた
ケン
いぬ

★犬 犬 犬 犬

4かく

108ページ

つかいかた
日本犬《にほんけん》を かう。
ちゃいろの 犬《いぬ》。
犬《いぬ》ごやを つくる。

よんで みよう、かいて みよう。

① 犬（　）を かう。

② 犬（　）の ものがたり。

③ 大きな □《いぬ》。

④ □《いぬ》が はしる。

◆「よみかた」の 赤い 字は きょうかしょで つかわれて いる よみです。

早（ながく／おなじ ながさ）

よみかた
ソウ （サッ）
はやい　はやまる　はやめる

早 早 早 早 ★早 早

6かく

109ページ

つかいかた
まだ さむい 早《そう》しゅん。
あさ早《はや》く 目が さめる。
早《はや》めに 出かける。

よんで みよう、かいて みよう。

① 早（　）く おきる。

② す早（　）く にげる。

③ じかんが □《はや》い。

④ □□《はやくち》 ことば。

かきじゅん 1 2 3 4 5　まちがえやすいところ…★

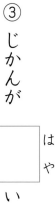

貝

はらう とめる

よみかた
かい

120ページ

貝 貝 貝 貝 貝 貝 貝

7かく

つかいかた

貝《かい》を ひろう。
二まいの 貝《かい》がら。
まき貝《がい》の なかま。

できかた

かいの かたちから できました。

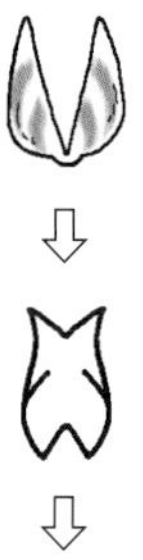

貝

かたちの にて いる かん字に 気を つけましょう。

貝《かい》——見《み》る

よんで みよう、かいて みよう。

① 貝を とる。（　　）

② 貝 ばしら。（　　）

③ □《かい》がらを ひろう。

④ しんじゅ □《がい》。

林

みじかく とめる
はらう はらう
とめる

よみかた
リン
はやし

120ページ

林 林 林 林 林 林 林 林

8かく

つかいかた

しょく林《りん》を する。
林《りん》かん学校に いく。
林《はやし》の 中を あるく。
くり林《ばやし》で みを ひろう。

できかた

木が 二つ ならぶ かたちから できました。木が おおく ある ところを あらわします。

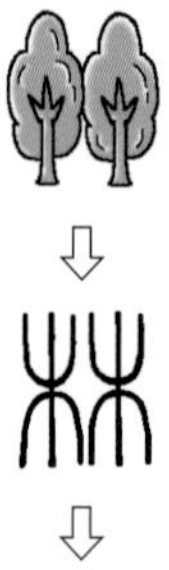

林

「村」（51ページ）と かたちが にて いるので、気を つけましょう。

よんで みよう、かいて みよう。

① 林が 見える。（　　）

② くりの 林。（　　）

③ □《はやし》の 中の みち。

④ まつ □《ばやし》。

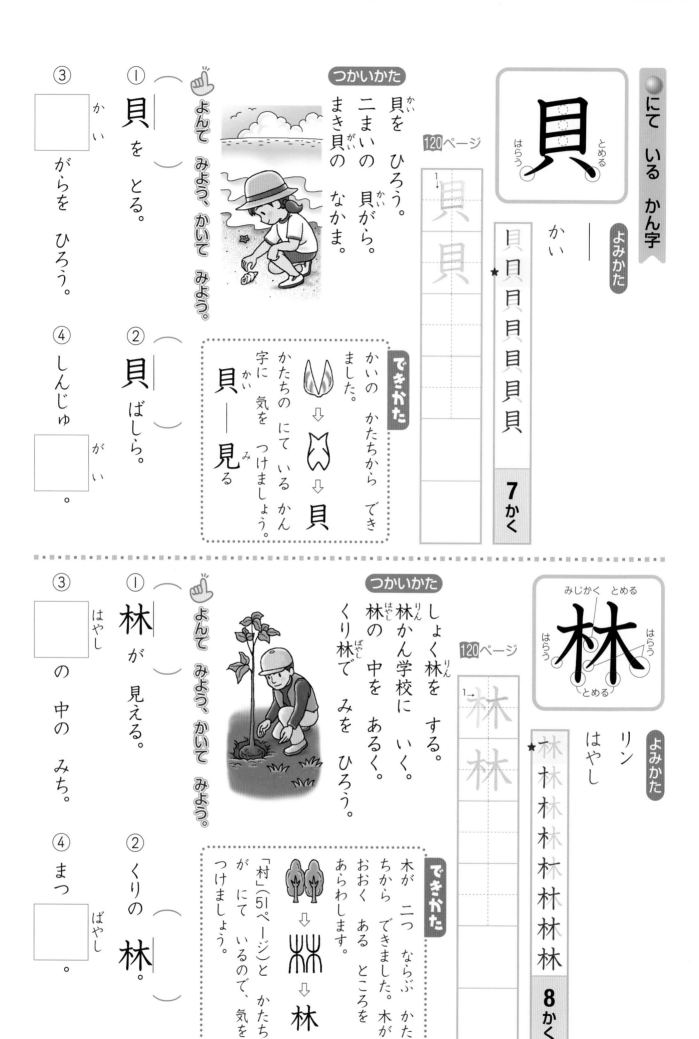

右

ながく
はらう

120ページ

よみかた
ウ　ユウ
みぎ

★ 右 右 右 右 右

5かく

つかいかた

右《う》せつきんしの　みち。
さ右《ゆう》を　よく　見る。
右《みぎ》に　山が　見える。
右《みぎ》がわを　あるく。

おぼえよう

「右」は、ほかより　すぐれて　いる　ことも　あらわします。「あにの　右に　出る　ものは　いない。」と　いうと、あにが　いちばん　すぐれて　いると　いう　いみです。

よんで　みよう、かいて　みよう。

① 右に（　　）まがる。

② 右がわを（　　）とおる。

③ □《みぎ》を　むく。

④ □□《みぎて》で　もつ。

足

はらう

120ページ

よみかた
ソク
あし
たりる　たる　たす

★ 足 足 足 足 足 足 足

7かく

つかいかた

えん足《そく》に　いく。
右足《みぎあし》を　まげる。
千円で　足《た》りる。
九十円に　十円を　足《た》す。

できかた

あしの　かたちから　できました。

からだの　ぶぶんを　あらわす　ことばには　ほかに、「目」「口」「耳」「手」などが　あります。

よんで　みよう、かいて　みよう。

① 右足を（　　）上げる。

② 足が（　　）はやい。

③ うまの　□《あし》。

④ かけ□《あし》。

石

つきださない
はらう
したを みじかく

よみかた
セキ　シャク　（コク）
いし

石石石石石

5かく

120ページ

石

つかいかた

石《せき》ゆを もやす。
てつは じ石《しゃく》に くっつく。
にわの 大きな 石《いし》。
石《いし》だんを のぼる。

できかた

がけの 下に いしが ころがって いる ようすから できました。
⇩ 石 ⇩ 石

かたちの にて いる かん字に 気を つけましょう。
つきでない 石
つきでる 右

よんで みよう、かいて みよう。

① 石を はこぶ。（　　）
② 小さな 石。（　　）
③ かわらの こ［　］《いし》。
④ ［　］《いし》を ひろう。

左

はらう
すこし ながく

よみかた
サ
ひだり

左左左左左

5かく

121ページ

左

つかいかた

左《さ》ゆうに ゆれる。
左《ひだり》を むく。
ぼくは 左《ひだり》ききだ。
左手《ひだりて》で なげる。

ちゅうい

かきじゅんの ちがいに 気を つけましょう。

左…①左 ②左
右…①右 ②右

よんで みよう、かいて みよう。

① 左に まがる。（　　）
② 右手と 左手。（　　）
③ ［　］《ひだり》まわり。
④ ［　］［　］《ひだりあし》で 立つ。

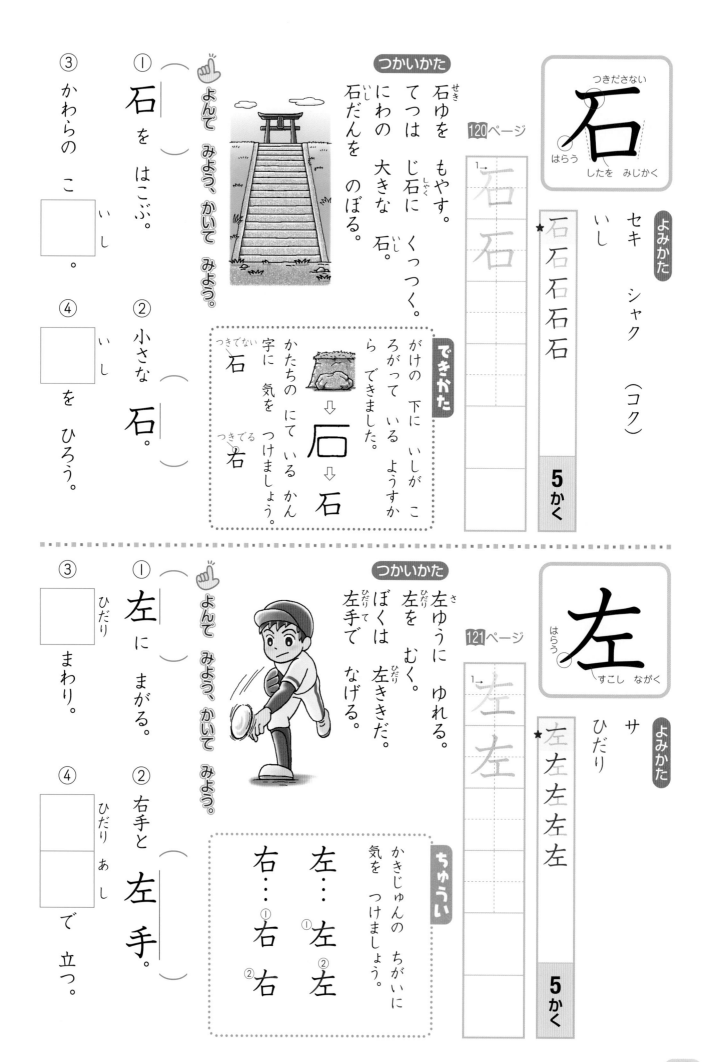

力

はらう　はねる

よみかた

リョク　リキ

ちから

★カ　力

2かく

123ページ

力　力

つかいかた

水力《すいりょく》で うごく。

力《りき》さくの え。

力《ちから》を あわせる。

できかた

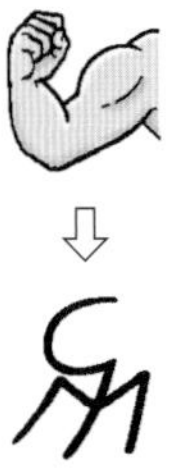

力

うでに ちからを いれた ようすから できました。

かたかなの「カ」と にて いるので、よみまちが えないように しましょう。

よんで みよう、かいて みよう。

①（　　）力《ちから》を 出す。

②（　　）力《ちから》を つける。

③ □《ちから》が つよい。

④ □《ちから》 いっぱい おす。

よみかたが あたらしい かん字

110ページ	111
花《カ》	年《とし》
花《か》だん	年《とし》を とる

112	120
上《のぼる》	文《モン〈モ〉》
上《のぼ》る	文《も》字《じ》

123	123
学《まなぶ》	入《いれる》
学《まな》ぶ	玉《たま》入《い》れ

二かいずつ かいて れんしゅうしよう

ぼくの犬

早い

花だん

林の中

右足

小さな石

左をむく

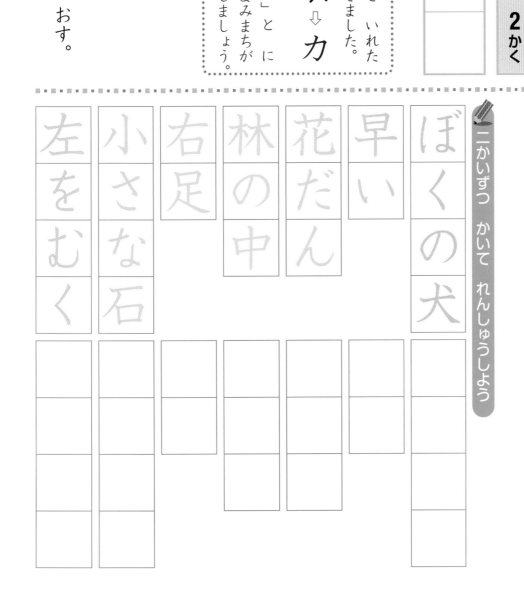

よんで　かんじた　ことを　はなそう／おもい出して　かこう

れんしゅうの　ワーク

ずうっと、ずっと、大すきだよ／にて　いる　かん字　いい　こと　いっぱい、一年生

きょうかしょ　㊦108～125ページ

こたえ　7ページ

べんきょうした日　月　日

1 あたらしい　かんじを　よみましょう。

① 108ページ　すばらしい　犬（　）。

② 早（　）く　大きく　なる。

③ 花（　）だんを　ほりかえす。

④ 年（　）を　とる。

⑤ かいだんを　上（　）る。

⑥ 120ページ　貝（　）を　見つける。

⑦ 林（　）が　ある。

⑧ 右足（　）を　出す。

⑨ 石（　）を　ける。

⑩ 文字（　）を　ならう。

⑪ 左（　）を　見る。

⑫ 122ページ　あたらしく　学（　）ぶ。

⑬ 力（　）いっぱい　はしる。

⑭ 玉入（　）れを　がんばる。

⑮ 子犬（　）を　そだてる。

⑯ 早口（　）で　はなす。

⑰ 右（　）を　さす。

⑱ 左手（　）で　おさえる。

2　あたらしい　かんじを　かきましょう。

① 108ページ □《いぬ》が　ほえる。

② □《はや》い　じかん。

③ がっこうの　□《か》だん。

④ □《とし》の　はじめ。

⑤ さかを　□《のぼ》る。

⑥ 120ページ □《かい》を　たべる。

⑦ いえの　ちかくの　□《はやし》。

⑧ □《みぎ》□《あし》が　いたい。

⑨ まるい　□《いし》。

⑩ □《も》□《じ》を　かく。

⑪ □《ひだり》の　ほうこう。

⑫ 122ページ かんじを　□《まな》ぶ。

⑬ □《ちから》を　こめる。

⑭ □《たま》□《い》れで　かつ。

⑮ □《はや》□《くち》で　いう。

3　ぶんを　かきましょう。――は　かんじで　かきましょう。（ふとい　じは、この　かいで　ならった　かんじを　つかった　ことばです。）

① おおきな　**いぬ**が　いる。

② きれいな　**かい**や　**いし**。

③ **みぎあし**に　**ちから**を　こめる。

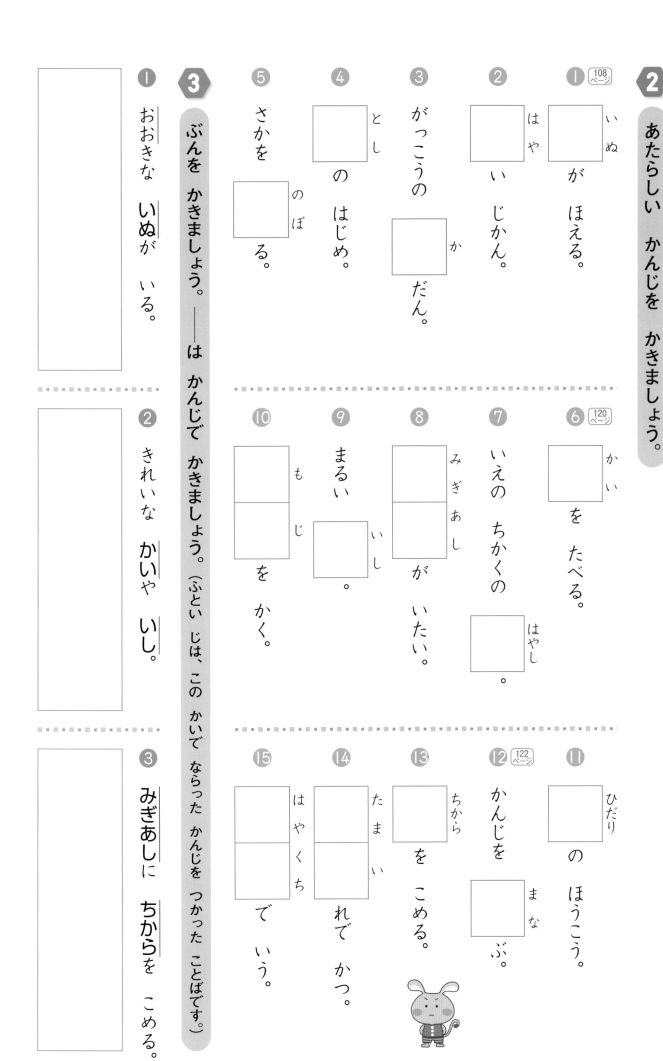

1年 しあげのテスト

こたえ 7ページ

じかん 20ぷん

とくてん　　/100てん

べんきょうした日　　月　日

1 ——せんの かん字の よみかたを かきましょう。 一つ2（24てん）

① 赤（　）ちゃんの 名（　）まえを きめる。

② 子ねこが 生（　）まれて 一年（　）たつ。

③ 王（　）さまの うしろに けらいが 立（　）つ。

④ 草（　）の 上に 犬（　）が ねそべる。

⑤ はまべで 貝（　）や 石（　）を ひろう。

⑥ 力（　）づよく 文字（　）を かく。

2 □に かん字を かきましょう。 一つ2（24てん）

① □《ゆう》がたの 空。

② □《まち》へ いく。

③ □□□《ごひゃくえん》。

④ □□《せんえん》さつ。

⑤ □《はや》く おきる。

⑥ にわの □《か》だん。

⑦ らくな □《き》もち。

⑧ □《はやし》の 中。

⑨ □《つち》を ほる。

⑩ □《みず》に もぐる。

⑪ えいごを □《まな》ぶ。

⑫ □□《たまい》れ。

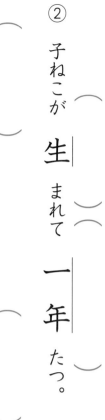

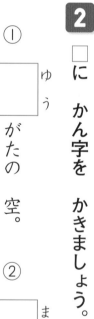

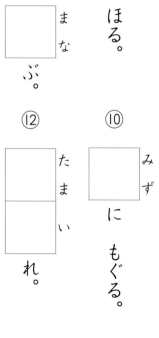

3 つぎの かん字の 赤字の ところは、なんかくめに かきますか。□に すう字で かきましょう。 一つ1（3てん）

① 右 □かくめ

② 女 □かくめ

③ 九 □かくめ

4 よみかたの ちがいに きを つけて、——せんの かん字の よみかたを かきましょう。 一つ2（14てん）

①
ア あさ日が 見える。（　　）
イ なん日か まえの こと。（　　）
ウ 十日で よみおわる。（　　）

②
ア いえから 出る。（　　）
イ てがみを 出す。（　　）

③
ア かおを 上げる。（　　）
イ さけが 川を 上る。（　　）

5 つぎの たしざんを すると、どんな かん字が できますか。□に かん字を かきましょう。 一つ1（3てん）

① 田 ＋ 力 → □

② 立 ＋ 日 → □

③ 日 ＋ 十 → □

6 からだの ぶぶんの 名まえを あらわす かん字を □に かきましょう。 一つ2（10てん）

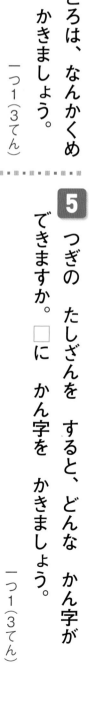

しりとりあそび

16ページ きほんのワーク

❶ かたつむり→りす→すずめ→めがね→
ねずみ→みかん

❷ ぬりえ→えんぴつ→つばめ→めだか→かばん
めだか→かば

ちいさい「っ」の つく ことば

17ページ きほんのワーク

❶ (1)①ねっこ ②ねこ
(2)①まくら ②まっくら

❷ ①きって ②ばった(バッタ)

❸ はら(つ)ぱ かけ(つ)こ

ちいさい「ゃ・ゅ・ょ」の つく ことば

18ページ きほんのワーク

❶ (1)①びょういん ②びよういん
(2)①いしや ②いしゃ

❷ ①い ②あ

❸ ①ぎゅうにゅう ②きんぎょ
③じてんしゃ

「わ」と「は」、「お」と「を」、「え」と「へ」

19ページ きほんのワーク

❶ ①あ ②い ③あ ④あ

❷ ①え・へ ②は・を ③わ・お・を

やくそく うみの かくれんぼ

20・21ページ きほんのワーク

◆20ページ◆
木 ①き ②き ③木 ④木
大 ①おお ②おお ③大 ④大
◆21ページ◆
小 ①ちい ②ちい ③小 ④小

22ページ れんしゅうのワーク

❶ ①き ②おお ③ちい ④き ⑤おお
⑥ちい

❷ ①木 ②大 ③小

❸ ①大 ②木 ③小

かずと かんじ

23～27ページ きほんのワーク

◆23ページ◆
一 ①いっ ②ひと ③一 ④一

二 ①に ②ふた ③二 ④二

◆24ページ◆

三 ①さん ②みっ ③三 ④三

四 ①よっ ②よん ③四 ④四

◆25ページ◆

五 ①ご ②いつ ③五 ④五

六 ①ろく ②むっ ③六 ④六

◆26ページ◆

七 ①なな(しち) ②なな ③七 ④七

八 ①はち ②やっ ③八 ④八

◆27ページ◆

九 ①きゅう ②く ③九 ④九

十 ①じゅう・とお ②じっ(じゅっ) ③十 ④十

28・29ページ れんしゅうのワーク

❶ ①いっ ②ひと ③に ④ふた ⑤さん ⑥みっ ⑦し ⑧よん ⑨よっ ⑩ご ⑪いつ ⑫ろっ ⑬むっ ⑭しち(なな) ⑮なな ⑯なな ⑰はち(はっ) ⑱やっ ⑲きゅう ⑳く ㉑ここの ㉒じゅう ㉓じっ(じゅっ) ㉔とお(じゅう)

❷ ①一 ②一 ③二 ④三 ⑤四 ⑥四 ⑦五 ⑧六 ⑨七 ⑩七 ⑪八 ⑫九 ⑬九 ⑭十 ⑮十

●教科書 こくご 一下 ともだち

くじらぐも
まちがいを なおそう
しらせたいな、見せたいな

30〜37ページ きほんのワーク

◆30ページ◆

子 ①こ ②こ ③子 ④子

空 ①そら ②おおぞら ③空 ④空

◆31ページ◆

先 ①せん ②さき ③先 ④先

生 ①せんせい ②い ③生 ④生

◆32ページ◆

男 ①おとこ ②おとこ ③男 ④男

女 ①おんな ②おんな ③女 ④女

◆33ページ◆

手 ①て ②て ③手 ④手

天 ①てん ②てん ③天 ④天

◆34ページ◆

青 ①あお ②あお ③青 ④青

文 ①ぶん ②ぶん ③文 ④文

◆35ページ◆

字 ①じ ②じ ③字 ④字

正 ①ただ ②ただ ③正 ④正

◆36ページ◆

見 ①み ②み ③見 ④見

学 ①がくせい ②がく ③文学 ④学

◆37ページ◆

校 ①こう ②がっこう ③学校 ④校

38・39ページ れんしゅうのワーク

❶ ①こ ②そら ③せんせい ④おとこ ⑤おんな ⑥て ⑦てん ⑧あお ⑨ぶん ⑩じ ⑪ただ ⑫み ⑬がっこう ⑭い ⑮さき

❷ ①子 ②空 ③先生 ④男 ⑤女 ⑥手 ⑦天 ⑧青 ⑨文 ⑩字 ⑪正 ⑫見 ⑬学校 ⑭生 ⑮先

❸ ①子どもたちが 手を ふる。
②青い 空が ひろがる。
③正しい 字を かく。

かん字の はなし
じどう車くらべ
じどう車ずかんを つくろう

40〜46ページ きほんのワーク

◆40ページ◆

山 ①やま ②やま ③山 ④山

水 ①みず ②みず ③水 ④水

◆41ページ◆

雨 ①あめ ②あめ ③雨 ④雨

上 ①うえ ②あ ③上 ④見上

◆42ページ◆

下 ①した ②した ③下 ④下

日 ①ひ ②ひ ③日 ④日

◆43ページ◆

火 ①ひ ②び ③火 ④火

田 ①た ②た ③田 ④田

◆44ページ◆

川 ①かわ ②かわ ③川 ④川

竹 ①たけ ②たけ ③竹 ④竹

◆45ページ◆

月 ①つき ②つき ③月 ④月

車 ①しゃ・しゃ ②車 ③車

◆46ページ◆

人 ①ひと ②ひと ③人 ④人

気 ①き ②き ③天気 ④気

47~49ページ れんしゅうのワーク

1
①やま ②みず ③あめ ④うえ
⑤した ⑥ひ ⑦ひ ⑧た ⑨かわ
⑩たけ ⑪つき ⑫しゃ ⑬ひと
⑭あ ⑮き ⑯やま ⑰び ⑱び

2
①山 ②水 ③雨 ④上 ⑤下 ⑥日
⑦火 ⑧田 ⑨川 ⑩竹 ⑪月 ⑫車
⑬人 ⑭上 ⑮気 ⑯山 ⑰日 ⑱火

3
①田 ②水 ③下 ④雨 ⑤火 ⑥人
⑦竹 ⑧月 ⑨気

4
①山の 上に いく。
②つめたい 川の 水。
③雨に 気が つく。
④月を 見上げる。
⑤青い じどう車。
⑥男の 人が いる。

たぬきの 糸車

50~53ページ きほんのワーク

◆50ページ◆

糸 ①いとぐるま ②いと ③糸 ④糸

目 ①め ②め ③目 ④目

◆51ページ◆

玉 ①めだま ②たま ③玉手 ④玉

村 ①むら ②むら ③村 ④村人

◆52ページ◆

白 ①しろ ②しろ ③白 ④白

土 ①ど ②ど ③土 ④土

◆53ページ◆

音 ①おと ②おと ③音 ④音

54・55ページ れんしゅうのワーク

1
①いとぐるま ②めだま ③むら ④お
⑤しろ ⑥ど ⑦おと ⑧め ⑨たま

2
①糸車 ②目玉 ③村 ④下 ⑤白
⑥土 ⑦音 ⑧目 ⑨玉

3
①見 ②山 ③月 ④気 ⑤二 ⑥木
⑦手

4
①木の 上から 下りる。
②空の 白い くも。
③雨の 音が きこえる。

日づけと よう日

56~58ページ きほんのワーク

◆56ページ◆

花 ①はな ②はな ③花 ④花

休 ①やす ②やす ③休 ④休

◆57ページ◆

虫 ①むし ②むし ③虫 ④虫

金 ①かね ②きん ③金 ④金

59～61ページ れんしゅうのワーク

❶ ①いちがつ ②しょうがつ ③みっか ④はな ⑤むいか ⑥なのか ⑦あま ⑧だい ⑨にち ⑩げつ ⑪か ⑫すい ⑬ようか ⑭やす ⑮むし ⑯もく ⑰かね ⑱きん ⑲つち ⑳はなみ ㉑やす

❷ ①一月 ②正月 ③三日 ④花 ⑤六日 ⑥七日 ⑦天 ⑧大 ⑨日 ⑩月 ⑪火 ⑫水 ⑬八日 ⑭休 ⑮虫 ⑯木 ⑰金 ⑱金 ⑲土 ⑳花見 ㉑休

❸ ①七日 ②火 ③大 ④休 ⑤水 ⑥金 ⑦虫 ⑧月 ⑨金 ⑩八日 ⑪正月 ⑫土 ⑬木 ⑭日 ⑮六日 ⑯天 ⑰花 ⑱三日

むかしばなしを よもう おかゆの おなべ

62～64ページ きほんのワーク

◆62ページ◆

本 ①ほん ②てほん ③本 ④一本

森 ①もり ②もり ③森 ④森

◆63ページ◆

出 ①で ②で ③出 ④出

中 ①なか ②じゅう ③中 ④中

◆64ページ◆

町 ①まち ②まち ③町 ④町

入 ①はい ②はい ③入 ④入

65ページ れんしゅうのワーク

❶ ①ほん ②もり ③で ④なか ⑤まち ⑥じゅう ⑦はい ⑧で

❷ ①本 ②森 ③出 ④中 ⑤町中 ⑥入

ふゆ休み まとめのテスト①・②

66・67ページ まとめのテスト❶

❶ ①おお・ふた ②おとこ・こ・じゅう ③せんせい・て ④ぶん・み ⑤ただ ⑥た・みず

❷ ①木 ②小 ③四月 ④六 ⑤七 ⑥八 ⑦空 ⑧女 ⑨天 ⑩学校 ⑪上 ⑫下

❸ ①5(五) ②6(六)

❹ ①山 ②火 ③川 ④竹

❺ ①三さつ ②九本(九ほん)

❻ ①字 ②青 ③空 ④校

てびき

❶ ①「大(おお)」の読み方を「おう」と書かないようにしましょう。

②「十」は、下に付く、ものを数える言葉によって読み方が変わるので、注意しましょう。下に「にん」が付くときは、「じゅう」と読みます。また、下に「回」などが付くときは、「じっ(じゅっ)」と読みます。

❷ ⑥かたかなの「ハ」との形のちがいに気をつけましょう。右側の画は、右

下にはらって書きます。

⑨「天」の二画目は、一画目より少し短く書くことに注意しましょう。

3 折れて書く画に注意しましょう。

①二画目と四画目の「ㄴ」は、折れて一画で書きます。

②一画目の「く」と二画目の「ㄥ」は、どちらも折れて一画で書くので注意しましょう。

4 いちばん上の絵が何を表しているかをよく見て考えます。だんだんと絵が変化していく様子をとらえて、最後にどんな字になるのかを考えてみましょう。

5 ①の本は「さつ」、②のえんぴつは「本」を付けて数えます。「さつ」は本や雑誌などを、「本」は細長いものを数えるときに付ける言葉です。

6 ①「字」と③「空」は、上の部分の形が似ているので注意しましょう。

68・69ページ まとめのテスト❷

1 ①しゃ・ひと ②むら・おと ③はな・むし ④やす・あま ⑤だい・ほん ⑥なか・で

2 ①上 ②気 ③糸 ④目玉 ⑤下 ⑥白 ⑦正月 ⑧金 ⑨土 ⑩森 ⑪町 ⑫入

3 ①ア ②イ

4 ①日 ②月 ③火 ④水 ⑤木 ⑥金 ⑦土

5 ①みっか ②むいか ③なのか ④ようか

6 ①正しい ②上げる ③一つ ④見せる ⑤生きる

てびき

1 ④「天」には、「てん」という読み方もあります。まちがえないようにしましょう。

⑥「出」を「だ」と読むか「で」と読むかは、下に付くひらがなを見て考えます。ここでは、「る」が付くので、「で(る)」と読みます。

2 ⑩三つの「木」は、それぞれ形が少しずつちがうことに気をつけましょう。上の「木」は、横に平たく書き、左下の「木」の最後の画は、短く止めて書きます。

⑫「入」を形の似ている「人」とまちがえないようにしましょう。

3 ①「車」の真ん中の縦棒は、最後に書きます。

4 曜日を表す漢字とともに、曜日の順番も覚えておきましょう。

5 ①~④のような日付の場合、「日」を「か」と読むことを覚えましょう。

6 ②「上る」と書くと、「のぼ(る)」という読み方になってしまいます。下に付けるひらがなをまちがえないようにしましょう。

③数を「~つ」と数えるときは、漢字のあとにひらがなの「つ」を付けます。「一とつ」と書かないように気をつけましょう。

70~75ページ きほんのワーク

どうぶつの 赤ちゃん ものの 名まえ

◆70ページ◆

赤 ①あか ②あか ③赤 ④赤

耳 ①みみ ②みみ ③耳 ④耳

◆71ページ◆

王
①おう ②おう ③王 ④王

口
①くち ②くち ③口 ④口

◆72ページ◆

年
①いちねん ②がくねん ③年月 ④年

立
①た ②た ③立 ④立

◆73ページ◆

草
①くさ ②くさ ③草 ④草

名
①な ②な ③名 ④名

◆74ページ◆

夕
①ゆう ②ゆう ③夕 ④夕

百
①ひゃく ②さんびゃく ③百 ④八百

◆75ページ◆

円
①えん ②ごひゃくえん ③百円 ④十円

千
①せん ②せんえん ③五千 ④千

76~78ページ れんしゅうのワーク

1
①あか ②う ③みみ ④おう ⑤くち
⑥いちねん ⑦た ⑧くさ ⑨な
⑩ゆう ⑪ごひゃくえん ⑫せんえん
⑬だ ⑭あか ⑮た

2
①赤 ②生 ③耳 ④王 ⑤口 ⑥一年
⑦立 ⑧草 ⑨名 ⑩夕 ⑪五百円
⑫千円 ⑬出

3
①目 ②見 ③三十 ④上 ⑤日 ⑥小
⑦玉 ⑧中 ⑨六 ⑩町

4
①赤ちゃんが 生まれる。
②耳に 手を あてる。
③王さまが 出かける。
④村に 一年 すむ。
⑤草に 虫が とまる。
⑥五百円を 出す。

ずうっと、ずっと、大すきだよ
にて いる かん字
いい こと いっぱい、一年生

79~83ページ きほんのワーク

◆79ページ◆

犬
①いぬ ②いぬ ③犬 ④犬

早
①はや ②ばや ③早 ④早口

◆80ページ◆

貝
①かい ②かい ③貝 ④貝

林
①はやし ②はやし ③林 ④林

◆81ページ◆

右
①みぎ ②みぎ ③右 ④右手

足
①みぎあし ②あし ③足 ④足

◆82ページ◆

石
①いし ②いし ③石 ④石

左
①ひだり ②ひだりて ③左 ④左足

◆83ページ◆

力
①ちから ②ちから ③力 ④力

84・85ページ れんしゅうのワーク

1
①いぬ ②はや ③か ④とし ⑤のぼ
⑥かい ⑦はやし ⑧みぎあし ⑨いし
⑩もじ(もんじ) ⑪ひだり ⑫まな
⑬ちから ⑭たまい ⑮こいぬ
⑯はやくち ⑰みぎ ⑱ひだりて

2
①犬 ②早 ③花 ④年 ⑤上 ⑥貝
⑦林 ⑧右足 ⑨石 ⑩文字 ⑪左
⑫学 ⑬力 ⑭玉入 ⑮早口

3
①大きな 犬が いる。
②きれいな 貝や 石。
③右足に 力を こめる。

1年 しあげのテスト

86~88ページ しあげのテスト

1
①あか・な ②う・いちねん
③おう・た ④くさ・いぬ
⑤かい・いし ⑥ちから・もじ(もんじ)

2 ①夕 ②町 ③五百円 ④千円 ⑤早
⑥花 ⑦気 ⑧林 ⑨土 ⑩水 ⑪学
⑫玉入

3 ①2(二) ②3(三) ③1(一)

4 ①アひ イにち ウか
②アで イだ ③アあ イのぼ

5 ①男 ②音 ③早

6 ①耳 ②口 ③足 ④目 ⑤手

7 ①ア ②イ ③ウ

8 ①下 ②右 ③小

9 ①白い ②二つ ③休む ④入れる
⑤正しい

10 (順不同)青空・村人・花火(火花)

てびき

1 ③「王(おう)」の読み方を「おお」と書かないようにしましょう。
⑥「文字」という言葉のときは、「文」は「も」、または「もん」と読みます。

2 ④「千」の一画目は横棒ではなく、「ノ」です。右から左下にはらって書きます。
⑫「玉」は「、」を打つ位置に気をつけて書きましょう。

3 ①左はらいを一画目、横棒を二画目に書きます。横棒から書くまちがいが多いので注意しましょう。

4 ②「女」の書き順は「く夂女」です。「く《く》ノ《の》一《いち》」と覚えるとよいでしょう。
①アの「あさ日」のように、「空にある太陽」のことを表すときは、「ひ」と読みます。

5 足し算の式にある二つの漢字を並べて書いてみて、正しい漢字になるか考えましょう。上と下、左と右、中に入れるなど、並べ方にはいろいろあります。①〜③は、どれも上と下に並べると、一つの漢字ができます。

6 指し示している体の部分をよく見て、漢字で書きましょう。「体の部分の名前を表す漢字」として、まとめて覚えましょう。

7 それぞれ形の似ている漢字です。気をつけて選びましょう。
②は「子」の上の部分の形のちがいに、③は「目」の下の部分の形のちがいに気をつけましょう。

8 漢字を覚えるときは、組になる漢字や言葉をいっしょに覚えましょう。①〜③以外の漢字でも、組になる漢字や言葉がないか、探してみましょう。

9 ④「入」は、「る」だけを付けて「入る」とすると、「い(る)」「はい(る)」という読み方になります。

10 「青空(あおぞら)」「村人(むらびと)」「花火(はなび)」(または「火花(ひばな)」)という読み方も確かめておきましょう。

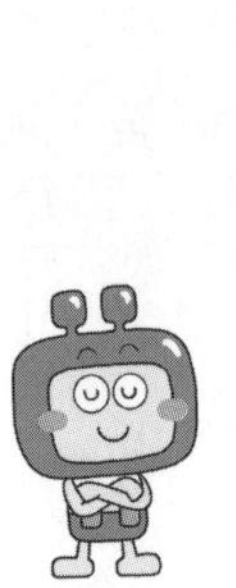

3 2 1 0 9 8 7 6 5 4
＊ ＊ D C B A

教科書ワーク

答えとてびき

「答えとてびき」は、とりはずすことができます。

啓林館版

理科6年

使い方

まちがえた問題は、もう一度よく読んで、なぜまちがえたのかを考えましょう。正しい答えを知るだけでなく、なぜそうなるかを考えることが大切です。

1　ものが燃えるしくみ

2ページ　基本のワーク

1 (1)①い

(2)②空気

2 (1)①火が消える

②火が消える

③燃え続ける

(2)④空気

まとめ　①入れかわらない　②空気

3ページ　練習のワーク

❶ (1)㋐　(2)㋐　(3)ウ

❷ (1)㋒　(2)流れこまない。　(3)ウ

(4)空気（の動き）

(5)空気が入れかわること

(6)ちっ素　(7)酸素

てびき ❶ (1)㋐では、キャンドルランタンの上と下に穴があるので、空気が入れかわりやすくなり、㋑よりもろうそくがよく燃えます。

(2)㋐のほうがよく燃えるので、先にろうそくがなくなります。

(3)燃えた後の空気が上の穴から出ていき、下の穴から新しい空気が入ってきます。

❷ (1)㋐や㋑のびんでは、空気が出入りできないので、ろうそくの火が消えます。㋒のびんでは、空気が出入りできるので、ろうそくが燃え続けます。

(2)上にすきまがないので、燃えた後の空気がびんの外に出ていかず、新しい空気が入りません。そのため、線香のけむりもびんの中に流れこみません。

(3)上のすきまから燃えた後の空気がびんの外に出ていき、下のすきまから新しい空気がびんの中に流れこみます。そのため、線香のけむりは下のすきまから入り、上のすきまから出ていきます。

(5)空気が入れかわり、新しい空気にふれることが必要です。

(6)(7)空気の成分で最も多いのは、ちっ素です。次に多いのは酸素です。空気は、ちっ素や酸素、二酸化炭素などが、混ざってできています。

4ページ　基本のワーク

1 ①水

2 (1)①激しく燃える

②すぐに火が消える

③すぐに火が消える

(2)④燃やす

まとめ　①ない　②ある

5ページ　練習のワーク

❶ (1)㋐　(2)㋑、㋒

(3)酸素…ある。

ちっ素…ない。

二酸化炭素…ない。

❷ (1)①○　②×　③○　④×　⑤○

(2)ア　(3)イ

てびき ❶ 酸素を入れたびんに火のついたろうそくを入れると、ろうそくが激しく燃えます。しかし、二酸化炭素やちっ素を入れたびんに火のついたろうそくを入れると、火はすぐに消えます。このことから、酸素にはものを燃やすはたらきがありますが、ちっ素と二酸化炭素にはものを燃やすはたらきがないことがわかります。

❷ (1)酸素の中でろうそくを燃やすと、ろうそくは激しく燃えます。これによって、びんが割れないようにするために、びんには少し水を残しておきます。びんは、空気が混ざらないように、水中でふたをして、水から取り出します。

(2)酸素は空気中に約21％しかふくまれていないので、空気中でろうそくはおだやかに燃えます。酸素だけを入れたびんの中に火のついたろうそくを入れると、激しく燃えます。

6ページ 基本のワーク

❶ (1)①変化しない ②白くにごる
(2)③減る ④増える

❷ ①気体検知管

まとめ ①石灰水 ②酸素 ③二酸化炭素

7ページ 練習のワーク

❶ (1)酸素 (2)イ (3)ア
(4)二酸化炭素…ア 酸素…イ
ちっ素…ウ

❷ (1)②、③に○
(2)酸素…㋑ 二酸化炭素…㋓
(3)増える気体…二酸化炭素
減る気体…酸素

てびき ❶ (1)酸素は、空気中に約21％ふくまれています。

(2)石灰水は、二酸化炭素があると白くにごります。燃やす前の空気中にふくまれている二酸化炭素の割合は約0.04％とわずかなので、石灰水は無色とうめいのまま変化しません。

(3)ろうそくが燃えると二酸化炭素が増えるので、石灰水が白くにごります。

(4)ろうそくが燃えると、酸素が減り、二酸化炭素が増えます。ちっ素の割合は変わりません。

❷ (1)①気体検知管を使うと、気体の体積の割合(％)を調べることができます。

④目盛りは決められた時間待ってから読みます。

⑤気体検知管のハンドルは一気に引きます。

(2)(3)ろうそくが燃えると、酸素が減り、二酸化炭素が増えます。

8・9ページ まとめのテスト

1 (1)イ (2)㋑、㋒
(3)空気が入れかわるから。

2 (1)㋑すぐに火が消える。
㋒激しく燃える。
(2)ものを燃やすはたらき

3 (1)㋐ちっ素 ㋑酸素
(2)①× ②○ ③× ④○
(3)ウ (4)灰

4 (1)㋓ (2)㋑ (3)②に○
(4)①酸素 ②二酸化炭素

丸つけのポイント

1 (3)「空気が入れかわって新しい空気にふれるから。」のように、空気が入れかわることだけでなく、新しい空気について書かれていても正解です。

てびき **1** ㋑は、びんの上のすきまから空気が出入りするので、ろうそくが燃え続けます。㋒は、下のすきまから空気が入り、上のすきまから空気が出ていくので、ろうそくが燃え続けます。

わかる! 理科 ㋑のびんは上のすきまが広いため、上のすきまから空気が入れかわります。しかし、上のすきまがせまいびんでは、空気が入れかわらないので、ろうそくの火が消えます。㋒では、空気が下から入り、上から出ていくため、㋑よりもよく燃えます。

2 酸素には、ものを燃やすはたらきがあります。空気中では、酸素の体積の割合が約21％なので、ろうそくが酸素中よりもおだやかに燃えます。ちっ素にはものを燃やすはたらきがないので、ちっ素を入れたびんの中に火のついたろうそくを入れると、すぐに火が消えます。

3 (2)ろうそくが燃えるときには、酸素(㋑)の一部が使われ、二酸化炭素ができます。また、火が消えたとき、すべての酸素が使われてなくなっているわけではありません。

(3)下の穴から空気が入りこみ、上の穴から空気が出ていきます。このように、空気が入れかわるので、キャンドルランタンの中のろうそくは燃え続けるのです。

(4)木はじゅうぶんな空気にふれずに燃えると、炭になりますが、じゅうぶんな空気にふれて完全に燃えると、白っぽい灰になります。

4 (1)空気中の酸素の体積の割合は、燃やす前が約21%(㊀)、燃やした後が約17%(㋒)です。

(2)空気中の二酸化炭素の体積の割合は、燃やす前が約0.04%(㋐)、燃やした後が約3%(㋑)です。

(3)(4)ろうそくが燃えるとき、空気中の酸素の一部が使われて、二酸化炭素ができます。このため、酸素を表す●が少なくなり、二酸化炭素を表す×が多くなっている②が正解です。なお、①のように酸素のすべてが使われて、二酸化炭素になることはありません。

2 ヒトや動物の体

10ページ 基本のワーク

1 (1)①変化しない ②変化する
(2)③ない ④ある
(3)⑤だ液

2 (1)①食道 ②胃 ③小腸 ④大腸
(2)⑤消化管《しょうかかん》

まとめ ①でんぷん ②消化

11ページ 練習のワーク

1 (1)ヨウ素液 (2)㋐
(3)ない。 (4)イ

2 (1)消化管 (2)消化液《しょうかえき》
(3)小腸 (4)かん臓 (5)ウ

てびき 1 (1)ヨウ素液を使うと、でんぷんがあるかどうかを調べることができます。でんぷんがあると、ヨウ素液を入れたときに、液の色がこい青むらさき色に変化します。

(2)〜(4)だ液にはでんぷんを別のものに変化させるはたらきがあるので、㋑ではでんぷんがなくなっています。そのため、ヨウ素液を入れても色が変化しません。水にはでんぷんを別のものに変化させるはたらきがないので、㋐にはでんぷんが残っています。そのため、ヨウ素液を入れると色が変化します。

2 口からこう門までの食べ物の通り道を、消化管といいます。消化管を通る間に、食べ物は消化・吸収されます。消化された養分は小腸で吸収され、血液によって全身に運ばれます。吸収された養分は、生きていくために使われるほか、かん臓にたくわえられます。

12ページ 基本のワーク

1 (1)①変化しない ②白くにごる
(2)③酸素 ④二酸化炭素

2 (1)①気管 ②肺
(2)③酸素 ④二酸化炭素
(3)⑤呼吸

まとめ ①酸素 ②二酸化炭素 ③呼吸

13ページ 練習のワーク

1 (1)ア
(2)㋐白くにごる。 ㋑変化しない。

(3)二酸化炭素

❷ (1)㋐肺　㋑気管

(2)①気管　②肺　③酸素

④二酸化炭素

(3)えら　(4)㋐

(5)取り入れているもの…酸素

出しているもの…二酸化炭素

てびき ❶ (2)(3)ヒトの呼吸では、空気中の酸素の一部がとり入れられ、二酸化炭素が出されます。はき出した息には二酸化炭素が約4%ふくまれているので、石灰水が白くにごります。一方、周りの空気にふくまれている二酸化炭素の体積の割合《わりあい》は約0.04%なので、石灰水は変化しません。

❷ (1)(2)鼻や口から吸いこんだ空気は、㋑の気管を通り、㋐の肺に入ります。

(3)~(5)フナなどの魚のなかまは、えらを使って、水にとけている酸素を体に取り入れ、水中に二酸化炭素を出しています。

14・15ページ　まとめのテスト❶

1 (1)イ　(2)㋐　(3)㋑

(4)だ液のはたらきで、でんぷんが別のものに変化したから。

2 (1)①記号…㋔　名前…胃

②記号…㋐　名前…口

③記号…㋑　名前…かん臓

④記号…㋕　名前…小腸

(2)㋐→㋓→㋔→㋕→㋒→㋖

(3)便としてこう門から出る。

3 (1)酸素用検知管

(2)あ　(3)呼吸

(4)㋐変化しない。　㋑白くにごる。

(5)はき出した息には、二酸化炭素が多くふくまれるから。

4 (1)気管　(2)肺

(3)㋒酸素　㋓二酸化炭素

(4)①○　②×　③○

丸つけのポイント

1 (4)でんぷんが別のものに変化したことと、それがだ液のはたらきによるものだということが書かれていれば正解です。

2 (3)便となって、体外に出されていることが書かれていれば正解です。

3 (5)二酸化炭素が多くふくまれていることが書かれていれば正解です。

てびき **1** (1)だ液のはたらきを調べる実験なので、ヒトの体温に近い温度で実験をします。

(2)~(4)ヨウ素液はでんぷんがあると、こい青むらさき色に変化します。だ液はでんぷんを別のものに変化させるので、試験管㋑にはでんぷんがふくまれていません。

2 食べ物は、口(㋐)→食道(㋓)→胃(㋔)→小腸(㋕)→大腸(㋒)→こう門(㋖)の順に送られます。消化され、吸収された養分は、かん臓に送られます。かん臓では消化は行われません。

3 (2)空気には、酸素が約21%、二酸化炭素が約0.04%ふくまれているので、いが吸う空気の結果です。はき出した息では、酸素の体積の割合が減り、二酸化炭素の体積の割合が増えているので、あがはき出した息の結果です。

(4)(5)はき出した息には、二酸化炭素が多くふくまれているため、石灰水を入れてふると、石灰水が白くにごります。吸う空気を入れたふくろの石灰水は、変化しません。

4 (1)(2)鼻や口から吸いこんだ空気は、㋐の気管を通り、㋑の肺に入ります。

(3)二酸化炭素は血液中から肺に出され、酸素は肺から血液中に取り入れられます。

(4)②空気中の酸素の一部を取り入れるので、はき出した息にも酸素がふくまれています。

16ページ　基本のワーク

❶ (1)①肺　②心臓

(2)③血液　④はく動《どう》

(3)⑤二酸化炭素　⑥酸素

⑦二酸化炭素

(4)⑧じん臓《ぞう》

まとめ　①心臓　②酸素

17ページ　練習のワーク

❶ (1)はく動　(2)脈《みゃく》はく

(3)同じ。　(4)血液

❷ (1)㋐心臓　㋑肺

(2)血管　(3)心臓

⑷㋓　⑸㋒
⑹イ、ウ　⑺ア、エ
❸ ⑴じん臓　⑵にょう　⑶ぼうこう

てびき ❶ ⑴⑵心臓の動きであるはく動が血管を伝わり、手首や首筋《すじ》などで脈はくとして感じられます。

⑶心臓のはく動と脈はくは対応しているので、1分間のはく動と脈はくの回数は同じです。

❷ ⑵血液が通る管を血管といいます。血管は、体のすみずみまで張りめぐらされています。

⑶心臓は、縮んだりゆるんだりして、血液を全身に送り出すはたらきをしています。

⑷～⑺全身に向かう㋓の血液には、酸素が多くふくまれています。血液は、全身に酸素や養分を届け、二酸化炭素や不要なものを受け取っています。そのため、心臓へもどる㋒の血液には、二酸化炭素が多くふくまれています。

❸ ⑴じん臓は、背中側の左右に1つずつあります。

⑵⑶じん臓では、血液中から不要なものが余分な水分とともにこし出され、にょうがつくられます。にょうは、しばらくぼうこうにためられた後、体外に出されます。

18ページ　基本のワーク

❶ ⑴①肺　②心臓　③かん臓
④小腸　⑤じん臓
⑵⑥酸素　⑦血液　⑧養分
⑨吸収　⑩にょう
⑪臓器　⑫血液

まとめ　①臓器　②血液

19ページ　練習のワーク

❶ ⑴㋐食道　㋑胃　㋒小腸　㋓大腸
⑵㋔気管　㋕肺　⑶心臓　⑷臓器
⑸小腸　⑹かん臓　⑺じん臓
⑻にょう　⑼肺
❷ ①、③、④、⑥に○

てびき ❶ ⑸⑹食べ物は、口から食道を通り、胃、小腸、大腸と運ばれる間に消化、吸収されます。残ったものは便としてこう門から出されます。小腸で吸収された養分はかん臓に運ばれ、一部がたくわえられます。

⑺⑻じん臓でこし出された血液中の不要なものは、にょうとしてぼうこうにためられてから、体外に出されます。

⑼体の各部分で受け取った二酸化炭素は、肺に運ばれ、体外に出されます。

❷ ②二酸化炭素は肺に運ばれ、体の外に出されます。

⑤胃では胃液、口ではだ液という消化液が出されます。

⑦じん臓でつくられたにょうは、しばらくぼうこうにためられてから、体外に出されます。

20・21ページ　まとめのテスト②

1 ⑴㋐肺　㋑心臓　⑵酸素
⑶㋐イ　㋑ア
2 ⑴はく動　⑵脈はく　⑶多くなる。
3 ⑴②に○　⑵血管　⑶血液
4 ⑴全身に血液を送り出すはたらき
⑵イ　⑶②に○
⑷①酸素　②養分　③二酸化炭素
5 ⑴臓器
⑵①じん臓　②肺　③小腸
⑶①×　②○　③○　④×

丸つけのポイント

4 ⑴血液が全身に送られているということが書かれていれば正解です。

てびき **1** ⑵肺で二酸化炭素が血液中から出され、酸素が血液中に取り入れられます。

⑶㋐を流れる、全身に送り出された血液は、酸素が多い血液です。㋑を流れる、全身から心臓にもどる血液は、二酸化炭素が多い血液です。

2 ⑴⑵心臓の動きをはく動といいます。心臓のはく動が血管を伝わり、手首などで感じられる動きを脈はくといいます。

⑶心臓のはく動と脈はくは対応しているので、心臓が激しく動くと、脈はくの回数も多くなります。

3 ⑴メダカを死なせないように、ポリエチレンのふくろにメダカと少量の水を入れます。観察が終わったら、メダカをすぐに水そうにもどしましょう。

⑵⑶メダカの血液も、体のすみずみに張りめぐらされた血管の中を流れています。

4 (1)㋐は心臓で、血液を全身に送り出すポンプのようなはたらきをしています。

(2)小腸では、養分が吸収されて血液中に入るため、㋑の血管を流れる血液には養分が多くふくまれています。

(3)心臓から全身に送り出される血液には酸素が多くふくまれ、全身から心臓にもどる血液には二酸化炭素が多くふくまれています。

5 (1)肺や心臓、かん臓、小腸、じん臓などのつくりをまとめて臓器といいます。臓器は、血液を通してたがいにつながり合ってはたらいています。

(3)①②肺では、血液中から二酸化炭素が出され、酸素が取り入れられます。このため、㋐の血液には二酸化炭素が、㋑の血液には酸素が多くふくまれています。

③④じん臓で不要なものがこし出され、にょうができます。そのため、じん臓を通った後の血液には、不要なものが少なくなっています。かん臓は、吸収された養分を一時的にたくわえるはたらきなどをしています。

3 植物のつくりとはたらき

22ページ 基本のワーク

1 (1)①根 ②根 ③葉
④くき ⑤根
(2)⑥水

まとめ ①葉 ②水

23ページ 練習のワーク

1 (1)ア (2)イ
(3)ウ (4)水(の通り道)

2 (1)横…㋐ 縦…㋓
(2)①水の通り道 ②体全体

てびき **1** (1)根が水をよく吸うように、根の土は洗い落とします。

(2)根から取り入れられた分だけ色水が減り、水面が下がります。

(3)(4)くきの切り口にも葉の切り口にも色がついている部分があることから、くきにも葉にも水の通り道があることがわかります。

2 (1)くきを横に切った切り口では、水の通り道が輪のように並んでいます。また、縦に切った切り口では、水の通り道が左右に見られます。

(2)水は、植物の体の中にある水の通り道を通り、体全体に行きわたります。

24ページ 基本のワーク

1 (1)①多くつく ②ほとんどつかない
(2)③葉 ④蒸散

2 (1)①水蒸気
(2)②気こう

まとめ ①水蒸気 ②気こう ③蒸散

25ページ 練習のワーク

1 (1)ア (2)㋐ア ㋑イ (3)ア
(4)ウ (5)蒸散

2 (1)㋑ (2)気こう
(3)たくさんある。
(4)水蒸気 (5)蒸散

てびき **1** (1)気温の高い晴れた日は、植物の蒸散がさかんになるので、実験の結果がわかりやすくなります。

(2)～(5)植物が根から取り入れた水は、くき、葉へと運ばれ、おもに葉から出ていきます。そのため、葉のついた㋐ではふくろの内側に水てきが多くつきますが、葉を取った㋑のふくろの内側にはほとんど水てきがつきません。

❷ 葉の表面にたくさん見られる㋑の小さな穴を、気こうといいます。植物の体の中の水は、水蒸気になって、おもに葉にある気こうから体の外に出ていきます。このことを蒸散といいます。

3 (1)(2)図２の㋑の小さな穴を気こうといいます。植物の体の中の水が水蒸気となって気こうから出ていくことを、蒸散といいます。

(4)①～③気こうは、葉に多く見られるつくりです。

④⑤植物の根から取り入れられた水は、水の通り道を通って植物の体全体に行きわたります。

26・27ページ まとめのテスト①

1 (1)イ
(2)水が蒸発しないようにするため。
(3)下がっている。
(4)①に○　(5)③に○　(6)③に○
(7)水の通り道　(8)ウ

2 (1)㋐イ　㋑ウ
(2)水はおもに葉から出ていくこと
(3)蒸散

3 (1)㋑　(2)気こう
(3)①根　②葉　③水蒸気
(4)①×　②×　③○　④○　⑤×

丸つけのポイント

1 (2)水が水面から出ていかないようにするため。など、蒸散以外で水が減らないようにするためであることが書かれていれば正解です。

2 (2)水が葉から出ていることが書かれていれば正解です。

てびき **1** (1)このホウセンカは、根から取り入れられた水のゆくえを調べる実験に使うので、根が切れないように、土ごとほり出します。

(4)ホウセンカの葉のもとの切り口では、水の通り道が中心付近にあります。

(5)ホウセンカのくきを横に切った切り口では、水の通り道が輪のようにならんでいます。

(6)ホウセンカのくきを縦に切った切り口では、水の通り道が左右の外側に見られます。

2 植物の体の中に取り入れられた水は、おもに葉から蒸散します。そのため、㋐では出てきた水蒸気が水てきとなってふくろの内側につきますが、㋑ではほとんどつきません。㋐と㋑で変えている条件は、葉があるかどうかなので、この実験からは、水がおもに葉から出てきたことがわかります。

28ページ 基本のワーク

❶ (1)①あ　②い
(2)③二酸化炭素　④酸素

❷ ①二酸化炭素　②酸素
③酸素　④二酸化炭素

まとめ ①日光　②二酸化炭素　③呼吸

29ページ 練習のワーク

❶ (1)ウ　(2)㋑　(3)図３
(4)①日光　②二酸化炭素　③酸素

❷ (1)二酸化炭素　(2)酸素
(3)酸素　(4)二酸化炭素　(5)イ

てびき ❶ (1)空気中の二酸化炭素の体積の割合は約0.04％なので、二酸化炭素が減ったとしても、その変化がわかりにくいです。このため、ふくろの中に息をふきこみ、二酸化炭素の体積の割合を増やしてから実験をします。

(2)㋐が酸素用気体検知管、㋑が二酸化炭素用気体検知管の結果です。

(3)(4)植物は、日光に当たると、空気中の二酸化炭素を取り入れ、酸素を出します。そのため、酸素の体積の割合が増え、二酸化炭素の体積の割合が減ります。

❷ (1)(2)葉に日光が当たると、空気中の二酸化炭素を取り入れ、酸素を出します。

(3)～(5)植物も１日中呼吸をしていて、酸素を取り入れて二酸化炭素を出しています。ただし、日光に当たっているときに出す酸素の量は、呼吸で取り入れる酸素の量よりも多いです。

わかる! 理科 植物は日光に当たるとでんぷんをつくります。このはたらきを光合成といいます。光合成をするとき、植物は二酸化炭素を取り入れ、酸素を出します。
・植物に日光が当たっていないとき
→呼吸をする。光合成はしない。

つまり、酸素を取り入れて、二酸化炭素を出しています。
・植物に日光が当たっているとき
→呼吸をする。光合成もする。
つまり、呼吸で酸素を取り入れると同時に、光合成で酸素を出しています。ただし、呼吸で取り入れている酸素の量よりも、光合成で出している酸素の量のほうがはるかに多いので、実験では酸素を出すはたらきしか行っていないように見えます。

30ページ 基本のワーク

1 (1)①変わらない　②変わる
③変わらない
(2)④ない　⑤ある　⑥ない
(3)⑦日光　⑧でんぷん

まとめ　①日光　②でんぷん
③青むらさき

31ページ 練習のワーク

1 (1)ろ紙　(2)ヨウ素液　(3)㋐
2 (1)㋐変わる。　㋑変わらない。
(2)でんぷん
(3)葉に日光が当たること
(4)いえる。

てびき 1 葉をにると、葉をろ紙にはさんでたたいたときに、葉のでんぷんがろ紙にうつりやすくなります。
(3)ヨウ素液につけたときに、青むらさき色に変わると、でんぷんがあることがわかります。
2 (1)～(3)日光に当てた葉にはでんぷんができますが、日光に当てなかった葉にはでんぷんができません。
(4)日光が当たることでつくられたでんぷんは、植物の成長などに使われます。植物は、生きていくための養分を自分でつくっています。

32・33ページ まとめのテスト②

1 (1)二酸化炭素
(2)㋐酸素　㋑二酸化炭素　(3)図2
(4)植物は日光が当たると、二酸化炭素を取り入れ、酸素を出すこと
2 (1)ヨウ素液
(2)㋑→㋐→㋓→㋒
(3)イ
3 (1)ア　(2)変化しない。
(3)ない。　(4)エ
(5)㋑変化する。　㋒変化しない。
(6)㋑ある。　㋒ない。
(7)葉に日光が当たると、でんぷんができること
(8)ア

丸つけのポイント
1 (4)二酸化炭素が植物に取り入れられること、酸素が植物から出されることの両方が書かれていれば正解です。
3 (7)葉に日光が当たることで、でんぷんがつくられるということが、「葉」と「日光」という言葉を使って書かれていれば正解です。

てびき 1 (1)二酸化炭素の体積の割合が小さいと、実験の結果がわかりにくいため、息をふきこんで、二酸化炭素の体積の割合を増やします。
(2)～(4)植物は日光に当たると、空気中の二酸化炭素を取り入れ、酸素を出します。このため、日光に1時間当てると、酸素の体積の割合が増え、二酸化炭素の体積の割合が減ります。
2 (2)まず、調べたい葉を1～2分間にます(㋑)。次に、葉をろ紙にはさみ(㋐)、葉をはさんだろ紙をたたきます(㋓)。最後に、ろ紙をうすめたヨウ素液につけます(㋒)。すると、でんぷんがあるときは、こい青むらさき色に変わります。
3 (1)～(4)㋐の葉にでんぷんがなければ、朝の時点では㋑の葉にも、㋒の葉にもでんぷんがないと考えられます。でんぷんは夜のうちに使われたり移動したりしているため、朝の時点では㋐～㋒の葉にでんぷんはありません。
(5)～(8)日光を当てた㋑の葉にはでんぷんがありますが、日光を当てていない㋒の葉にはでんぷんがありません。㋐～㋒の結果から、葉に日光が当たったときにでんぷんがつくられることがわかります。このでんぷんは、植物が生きていくための養分となります。

4 生物どうしのつながり

34ページ 基本のワーク

1 (1)①ミジンコ
(2)②食べる

2 (1)①できる　(2)②養分
(3)③──→　④──→
(4)⑤食物連鎖

まとめ　①植物　②食物連鎖

35ページ 練習のワーク

1 (1)イ→ア→ウ　(2)㋑
(3)㋐→㋒→㋑
(4)食物連鎖

2 (1)動物…㋒、㋓、㋔
植物…㋐、㋑
(2)植物　(3)養分
(4)できる。　(5)ア

てびき 1 (1)水中の生物を観察するためにプレパラートをつくるとき、スライドガラスにのせた水にカバーガラスをかけます。カバーガラスをかけたときにはみ出した水は、ろ紙で吸い取ります。

(2)㋐のミジンコは、15倍で観察して問題の図の大きさくらいに見えるので、実際の大きさは1～2mmくらいです。㋑のやごの大きさは、20～40mmくらいです。

(4)水中の生物も、「食べる・食べられる」の関係でつながっています。このひとつながりの関係を、食物連鎖といいます。

2 (2)ウシは草を食べます。

(3)動物は自分で養分をつくることができないので、ほかの生物を食べて養分を取り入れています。

(4)植物は日光が当たると、自分で養分をつくることができます。

36ページ 基本のワーク

1 ①酸素　②二酸化炭素

2 ①水蒸気　②蒸散
③根　④じゅんかん

まとめ　①酸素　②水

37ページ 練習のワーク

1 (1)㋑　(2)呼吸　(3)行う。
(4)㋒酸素　㋓二酸化炭素
(5)生きていけない。

2 (1)水蒸気　(2)蒸散
(3)ウ

てびき 1 (1)動物は、空気中の酸素を取り入れ、二酸化炭素を出します。したがって、酸素を表しているのは、㋑です。

(2)生物が酸素を体に取り入れて、体から二酸化炭素を出すはたらきを、呼吸といいます。ヒトや地上で生きている動物は、肺で呼吸をしているものが多いです。魚は、水中の酸素を取り入れて、水中に二酸化炭素を出します。魚は、えらで呼吸をしています。

(3)(4)植物も動物と同じように呼吸をします。植物は、日光が当たっているときは、二酸化炭素を取り入れて酸素を出すはたらきをさかんに行っています。

(5)動物も植物も、空気がないと生きていくことはできません。

2 動物の体の中にも、植物の体の中にも、水はふくまれています。ヒトは口から、食べ物や飲み物を通して水を取り入れます。取り入れた水は、あせやにょうとなって、体の外に出ていきます。植物は、根で取り入れた水を、葉から蒸散によって、体の外に出しています。

わかる! 理科　水は、動物や植物にとって生きていくために必要なものです。
ヒトは体に水を取り入れたり、出したりして水とかかわっています。
・体にふくまれる水…大人《おとな》の体重の約60%は水です。
・取り入れる水…食べ物や飲み物を通して取り入れます。
・体から出す水…にょうやあせとして出ていきます。また、はく息にも水(水蒸気)がふくまれています。
また、植物の体にも水がふくまれています。例えば、ジャガイモは重さの約80%が、キュウリは重さの約95%が水です。

38・39ページ **まとめのテスト**

1 (1)①㋐　②㋒　③㋓
(2)食物連鎖
(3)㋗→㋕→㋖

2 (1)㋐ボルボックス　㋑イカダモ
㋒クンショウモ　㋓ミジンコ
(2)㋓　(3)食べる。

3 (1)㋑→㋒→㋐
(2)㋐スポイト　㋑ピンセット
(3)イ

4 (1)酸素　(2)二酸化炭素
(3)呼吸　(4)ウ　(5)蒸散

5 ①×　②○　③×　④○　⑤○

てびき **1** (1)図１の生物を、「食べられる生物」→「食べる生物」の順に並べると、植物(㋐)→バッタ(㋒)→カマキリ(㋑)→モズ(㋔)→タカ(㋓)となります。モズは虫やカエルなどを食べる小さな鳥で、タカは小鳥やウサギなどを食べる大きな鳥です。

(2)生物どうしの「食べる・食べられる」の１本の線のようにつながった関係を、食物連鎖といいます。

(3)食物連鎖の関係は、陸上の生物だけでなく、水中の生物にも見られます。

2 (2)実際の大きさが大きいほど、けんび鏡で観察するときの倍率が低くなります。

(3)メダカは、水中の小さな生物を食べています。水中の生物にも、食物連鎖の関係が見られます。

3 プレパラートをつくるときには、スポイトで水を取り、少量の水をスライドガラスにのせます。次に、カバーガラスをかけます。カバーガラスをかけると、水がはみ出すことがあります。はみ出した水は、ろ紙で吸い取ります。

4 (1)(2)植物に日光が当たると、空気中から二酸化炭素(㋑)を取り入れ、酸素(㋐)を出します。

(3)(4)植物や動物が空気中から酸素を取り入れ、二酸化炭素を出すはたらきを、呼吸といいます。呼吸は、１日中行われています。

(5)植物が根から取り入れた水は、水の通り道を通って、体全体に運ばれます。そして、葉の表面にたくさんある気こうという穴から、水蒸気となって空気中に出ていきます。このことを、蒸散といいます。

5 ①植物が養分をつくるためには、二酸化炭素が必要です。そのため、空気を必要とします。動物も生きていくために空気は必要です。

③海や湖などの水は、蒸発すると水蒸気になります。

わかる! 理科 海や川、陸などにふくまれている水は、水面や地面から蒸発して、水蒸気となります。水蒸気は上空で雲になり、雨や雪が降って地上にもどってきます。このように、地球上の水は、気体、固体、液体と姿《すがた》を変えながら地球上をじゅんかんしています。わたしたちは、この地球上をじゅんかんする水を利用して生活しています。

5　水よう液の性質

40ページ　基本のワーク

1 ①おし　②ゆるめ

2 ①ピンセット　②ガラス棒
③色　④水

まとめ　①こまごめピペット
②リトマス紙

41ページ　練習のワーク

1 (1)ア　(2)ウ　(3)ク
(4)カ　(5)エ　(6)コ

2 (1)赤色、青色（順不同）
(2)①㋑　②㋐　(3)色

てびき 1 (1)水よう液は、見た目やにおいで区別できないものがたくさんあります。また、あつかう水よう液をまちがえると、危険なものがあるので、必ずラベルをはって区別できるようにしておきましょう。

(2)ビーカーや試験管には、水よう液を入れすぎないようにします。

(3)水よう液のにおいを調べるときは、鼻を直接近づけるのではなく、手であおいで確かめるようにしましょう。

(5)混ざると危険な水よう液もあるので、使い終わった水よう液は、決められた容器に集めます。

2 (1)(3)リトマス紙には、赤色と青色の2種類があり、水よう液をつけたときの色の変化で、水よう液を仲間分けできます。

(2)①リトマス紙は、直接手でさわらず、ピンセットで取り出します。

②リトマス紙に水よう液をつけるときは、ガラス棒を使います。使ったガラス棒は、1回ごとに水で洗います。

42ページ　基本のワーク

1 (1)①あわが出ている。
②水と変わらない。
(2)③つんとしたにおいがする。
④ない。
(3)⑤白い固体が残る。　⑥何も残らない。
(4)⑦固体

まとめ　①区別できる　②固体

43ページ　練習のワーク

1 (1)㋑
(2)水よう液からあわが出ている。
(3)イ　(4)できる。
(5)できる。　(6)できない。

2 (1)ア、ウ　(2)イ、エ、オ

丸つけのポイント

1 (2)あわが出ていることが書かれていれば正解です。

てびき 1 (1)(2)炭酸水は、あわが出ているのでほかの水よう液と区別することができます。

(3)水よう液のにおいをかぐときは、鼻を直接近づけないで、手であおぐようにします。

(4)うすいアンモニア水は、つんとしたにおいがします。重そう水にはにおいがありません。そのため、においをかぐと2つの水よう液を区別することができます。

(5)うすい塩酸の水を蒸発させると、蒸発皿には何も残りませんが、食塩水の水を蒸発させると、白い固体が残ります。そのため、2つの水よう液を区別することができます。

(6)うすい塩酸もうすいアンモニア水も、水を蒸発させると蒸発皿には何も残らないので、蒸発皿のようすからは2つの水よう液を区別することができません。

2 水よう液の水を蒸発させると、固体が残るものと何も残らないものがあります。

44ページ　基本のワーク

1 (1)①白くにごる
(2)②火がすぐに消える
(3)③二酸化炭素

2 (1)①へこむ　(2)②とける

まとめ　①二酸化炭素　②気体

45ページ　練習のワーク

1 (1)イ、ウ　(2)気体

2 (1)手であたためる。（やさしくふる。）
(2)白くにごる。
(3)火がすぐに消える。
(4)二酸化炭素

3 (1)イ　(2)ア

てびき ❶ 炭酸水やうすい塩酸のように、気体がとけている水よう液を蒸発させると、蒸発皿には何も残りません。

❷ (1)炭酸水の入れ物を手であたためたり、やさしくふったりすると、気体がたくさん出てきます。

(2)(3)二酸化炭素には、石灰水を白くにごらせる性質があります。また、二酸化炭素には、ものを燃やすはたらきがないので、火のついた線香を入れると、火がすぐに消えます。

わかる! 理科 炭酸水をコップに注ぐと、あわが出てきます。売られている炭酸水は、水にたくさんの二酸化炭素をとかしてつくっていて、注いだときに、水にとけていた二酸化炭素があわとなって出ているのです。

❸ ペットボトルをふると、二酸化炭素が水にとけて体積が減るため、ペットボトルがへこみます。このとき、ペットボトルの中には炭酸水ができています。

46・47ページ まとめのテスト❶

1 ①× ②○ ③○ ④× ⑤○
⑥○ ⑦× ⑧× ⑨× ⑩○

2 (1)炭酸水 (2)イ
(3)うすい塩酸

3 (1)保護眼鏡《めがね》 (2)ウ
(3)ウ、オ (4)ア、イ、エ
(5)気体
(6)うすい塩酸…塩化水素
うすいアンモニア水…アンモニア

4 (1)①、③に○
(2)白くにごる。
(3)すぐに消える。
(4)二酸化炭素

てびき **1** ①ビーカーや試験管に、水よう液を入れすぎてはいけません。

③水よう液や薬品を使うときには、ラベルをはって区別できるようにしましょう。

④水よう液をむやみに手でさわったり、なめたりしてはいけません。

⑥⑦リトマス紙は、ピンセットで取り出します。また、リトマス紙に水よう液をつけるときは、少量の液をガラス棒でつけます。

⑧加熱中は液が飛びはねることがあり、危険です。のぞきこまないようにしましょう。

⑨使い終わった水よう液は、決められた容器に集めます。

2 (1)炭酸水からは、あわが出ています。

(3)うすい塩酸は、つんとしたにおいがするので、炭酸水や食塩水と区別することができます。

3 (2)ガラス棒は、水よう液をリトマス紙につけるときなどに使います。ピンセットは、リトマス紙をつかむときなどに使います。

(3)～(5)固体がとけている水よう液の水を蒸発させると、固体が残ります。気体がとけている水よう液の水を蒸発させると、何も残りません。

(6)うすい塩酸には塩化水素、うすいアンモニア水にはアンモニアという気体がとけています。

4 (2)～(4)炭酸水から出てきた気体は、二酸化炭素です。二酸化炭素には、石灰水を白くにごらせる性質があります。また、二酸化炭素にはものを燃やすはたらきがないので、火のついた線香を試験管に入れると、火がすぐに消えます。

48ページ 基本のワーク

1 ①中性 ②アルカリ性 ③酸性

2 ①酸性 ②中性 ③アルカリ性
④酸性 ⑤アルカリ性

まとめ ①アルカリ性 ②酸性 ③中性

49ページ 練習のワーク

❶ (1)赤色
(2)酸性、中性、アルカリ性
(3)酸性

❷ (1)①赤色→赤色 青色→赤色
②赤色→赤色 青色→青色
③赤色→青色 青色→青色
(2)④うすい塩酸 ⑤食塩水
⑥うすいアンモニア水

❸ (1)むらさき色 (2)赤色

てびき ❶ (2)リトマス紙の色の変化によって、水よう液は酸性、中性、アルカリ性の3つに仲間分けできます。

❷ (1)酸性の水よう液は、青色のリトマス紙を赤色に変えます。アルカリ性の水よう液は、赤色のリトマス紙を青色に変えます。中性の水よう

液は、青色と赤色のリトマス紙のどちらの色も変えません。

(2)食塩水は中性、うすいアンモニア水はアルカリ性、うすい塩酸は酸性です。

❸ (1)食塩水は中性の水よう液なので、しるを加えた後の液は、むらさき色です。

(2)塩酸は酸性の水よう液なので、しるを加えた後の液は赤色になります。

わかる! 理科 身の回りの水よう液は、酸性、中性、アルカリ性に分けることができます。例えば、レモンなどのくだもののしる、す、うめぼしのしるなどは酸性で、せっけん水はアルカリ性です。酸性の酸は、すっぱいという意味です。

50ページ 基本のワーク

1 ①とける　②とける

2 ①ちがう　②ちがう

まとめ ①うすい塩酸　②ちがう

51ページ 練習のワーク

❶ (1)ウ　(2)ア　(3)ア

(4)変化は見られない。

(5)ある。

❷ (1)ウ　(2)ちがう。

(3)ア　(4)ちがう。

てびき ❶ (1)鉄をうすい塩酸にとかす実験には、火が必要ありません。実験に必要ないものは、片づけておきます。また、この実験では、火にふれると燃える気体が発生するので、近くに火があると、とても危険です。うすい塩酸が皮ふについたときは、水でじゅうぶんに流します。

(2)(3)鉄やアルミニウムにうすい塩酸を加えると、鉄やアルミニウムはあわを出してとけます。

(4)(5)塩酸には鉄やアルミニウムをとかすはたらきがありますが、水には鉄やアルミニウムをとかすはたらきはありません。

❷ (1)(2)うすい塩酸に鉄がとけた液体から水を蒸発させると、うすい黄色の固体が出てきます。もとの鉄は銀色の固体で、見た目がちがいます。

(3)(4)うすい塩酸にアルミニウムがとけた液体から水を蒸発させると、白い固体が出てきます。アルミニウムは白っぽい銀色の固体で、見た目がちがいます。

52ページ 基本のワーク

1 (1)①うすい黄色　②白色

(2)③とけない。

④あわを出さずにとける。

(3)⑤あわを出してとける。

⑥あわを出さずにとける。

⑦あわを出さずにとける。

(4)⑧ちがう

まとめ ①うすい塩酸　②ちがう

53ページ 練習のワーク

❶ (1)ある。

(2)イ　(3)ア　(4)イ

(5)別のものに変化させるはたらき

❷ (1)㋐　(2)㋐ア　㋑イ

丸つけのポイント

❶ (5)うすい塩酸によって、鉄が性質のちがう別のものになっていることが書かれていれば正解です。

てびき ❶ (1)もとの金属(鉄)は黒っぽい銀色の固体、固体㋐はうすい黄色の固体なので、色にちがいがあります。

(2)～(5)鉄に水を加えてもとけませんが、うすい塩酸を加えるとあわを出してとけます。また、固体㋐に水を加えてもうすい塩酸を加えてもあわを出さずにとけます。このように、鉄と固体㋐は見た目だけでなく、性質もちがっています。このことから、うすい塩酸には鉄を別のものに変化させるはたらきがあることがわかります。

54・55ページ まとめのテスト②

1 (1)①赤色に変わる。　②変わらない。

③変わらない。　④変わらない。

⑤青色に変わる。　⑥変わらない。

(2)⑦酸　⑧アルカリ　⑨中

2 (1)あわを出してとける。

(2)①ア　②イ　③イ

④ウ　⑤ちがう。

3 (1)㋒

(2)イ　(3)イ

(4)別のものに変化させるはたらき

4 (1)アルカリ性
(2)㋐炭酸水　㋑うすい塩酸
㋒うすいアンモニア水
㋓石灰水　㋔食塩水

丸つけのポイント

3 (4)(アルミニウムを)性質のちがう別のものに変えることが書かれていれば正解です。

てびき **1** (1)塩酸などの酸性の水よう液は、青色のリトマス紙を赤色に変えます。アンモニア水などのアルカリ性の水よう液は、赤色のリトマス紙を青色に変えます。食塩水などの中性の水よう液は、どちらのリトマス紙の色も変えません。

2 (1)鉄にうすい塩酸を加えると、あわを出してとけ、やがて見えなくなります。

(2)色や水へのとけ方、うすい塩酸へのとけ方など、蒸発皿に残ったものの性質を調べると、鉄とはちがっています。このことから、うすい塩酸には、鉄を性質がちがう別のものに変化させるはたらきがあることがわかります。

3 (1)鉄は、うすい水酸化ナトリウム水よう液にとけません。アルミニウムは、うすい水酸化ナトリウム水よう液にもとけます。

(2)～(4)うすい塩酸にアルミニウムがとけた液体を蒸発皿に取って加熱すると、白色のものが残ります。これにうすい塩酸を加えると、あわを出さずにとけます。このことから、蒸発皿に残ったものは、アルミニウムとは別のものであることがわかります。

4 (1)赤色のリトマス紙を青色に変えるのは、アルカリ性の水よう液です。

(2)実験１から、あわが出ている㋐は炭酸水だとわかります。実験２から、㋑はうすい塩酸だとわかります。実験３から、㋐と㋓は炭酸水と石灰水だとわかります。㋐は炭酸水なので、㋓が石灰水です。炭酸水には二酸化炭素がとけているので、石灰水と混ぜると白くにごります。実験４から、㋒、㋓はアルカリ性の水よう液だとわかります。㋓が石灰水なので、㋒がうすいアンモニア水です。そして、残った㋔が食塩水です。

6　月と太陽

56ページ　**基本のワーク**

1 (1)①月　②太陽
(2)③太陽　④太陽

まとめ　①かがやいている　②位置関係

57ページ　**練習のワーク**

1 (1)太陽
(2)ウ

2 (1)㋑い　㋒う　㋔あ　㋕え
(2)㋑三日月《みかづき》　㋔満月
(3)㋐　(4)新月
(5)太陽

てびき **1** (1)月は、太陽の光を受けてかがやいているため、月のかがやいている側には太陽があります。

(2)月の位置や見える形は、日によって変わります。図の月が見られた数日後の同じ時刻にもう一度観察すると、月の位置は、太陽からはなれるほう(東のほう)に変わっています。また、月のかがやいている部分は太くなっています。

2 (1)㋑と㋒は、地球(中心の人)から見て右側から光が当たっているので、右側が光って見えます。㋕は地球から見て左側から光が当たっているので、左側が光って見えます。

(3)(4)㋐は、地球から光の当たっている部分が見えません。この月を新月といい、地球からは月が見えません。

(5)日によって月と太陽の位置関係が変わるため、月の形の見え方が変わることがわかります。

わかる! 理科　新月の後、右側から少しずつ光って見える部分が太くなっていき、三日月、半月《はんげつ》(上弦《じょうげん》の月)、満月となります。満月の後、右側から少しずつ光って見える部分が細くなっていき、半月(下弦《かげん》の月)、新月となります。

58・59ページ まとめのテスト

1 (1)西　(2)イ
(3)㋐三日月　㋑半月(上弦の月)　㋓満月
(4)変わっている。
(5)(新月→)㋐→㋑→㋒→㋓
(6)1か月

2 ①×　②○　③×　④○　⑤×
⑥×　⑦○　⑧×　⑨○

3 (1)ボール…月　電灯…太陽　人…地球
(2)㋐⑧　㋑⑦　㋒④　㋓⑤
(3)①
(4)月と太陽の位置関係が日によって変わるから。

4 (1)イ　(2)ウ

丸つけのポイント

3 (4)「月」と「太陽」という言葉を使って、位置関係が変わることが書かれていれば正解です。

てびき **1** (1)(2)太陽は、月のかがやいている側にあります。図１の月は、西側がかがやいているので、太陽は西のほうにあります。

(4)月を数日後の同じ時刻に観察すると、見える位置が変わっています。

(5)新月の後、日がたつにつれて、かがやいている部分が太くなっていきます。

2 ①月は、太陽の光を受けてかがやいています。

②月も地球や太陽と同じように、球形です。

③④しゃ光板は太陽の位置を調べるときに使います。月を観察するときには、そう眼鏡や望遠鏡を使います。月の表面を観察すると、クレーターとよばれるくぼみがたくさん見られます。このくぼみは、月に岩石などがぶつかったあとだと考えられています。

⑤月と太陽の位置関係は、常に変わっています。そのため、月の形が日によって変わって見えます。

⑥⑦半月は、昼間にも見られます。新月は、１日中見ることができない月です。

⑧月の見え方は、約１か月でもとにもどります。

⑨月が太陽に近い側にあるとき、地球から見た月のかがやいている部分が少なく、月は細く見えます。月が太陽から遠い側にあるとき、地球から見た月のかがやいている部分が多く、満月に近い形に見えます。

3 (1)この実験では、ボールを月に、電灯を太陽に、中心の人を地球に見立てています。

(2)㋐、㋑は左側から光が当たっているので、⑥～⑧のどれかだとわかります。このうち、⑦のとき、月は半月(㋑)に見えます。また、月が太陽に近づくほど、光って見える部分が細くなるので、㋐の形に見えるのは⑧の位置にあるときです。㋒は右側から光が当たっているので、②～④のどれかだとわかります。月が太陽から遠ざかるほど、光って見える部分が太くなるので、㋒の形に見えるのは④の位置にあるときです。㋓は、かげになっている部分がないので、⑤の位置にあるときです。

わかる! 理科 図１の③と⑦のボールを見ると、どちらも右側が光っています。だからといって、中心の人から見たときにどちらも右側が光って見えると考えてはいけません。中心の人は、ボールを置いた円の内側にいるので、③はボールの右側が光って見えますが、⑦はボールの左側が光って見えます。59ページを開き、本を逆さにして⑦のボールを見ると、左側が光って見えることがわかります。②～④は右側が、⑥～⑧は左側が光って見えます。①は見えず、⑤は丸く見えます。

4 (1)㋐、㋑の月の位置を比べると、㋑のほうが㋐よりも東のほうに変わっていて、太陽から遠くなっていることがわかります。

(2)㋑の１週間後には、さらに東のほうに位置を変えているので、東の空に見られると考えられます。満月は地球から見て太陽の反対側にあり、夕方に東、真夜中に南、朝には西へと位置を変えます。

7　大地のつくりと変化

60ページ　基本のワーク

1 (1)①どろ　②れき
(2)③地層

2 ①化石

まとめ　①地層　②化石

61ページ　練習のワーク

1 (1)地層　(2)どろ　(3)イ
(4)火山灰　(5)化石
(6)広がっている。

2 (1)ボーリング試料　(2)ア

てびき **1** (1)れきや砂、どろなどの層が重なったものを、地層といいます。

(2)(3)地層をつくる土は、つぶの大きさで区別されています。つぶの大きい順に、れき、砂、どろです。大きさが2mm以上のつぶをれき、虫眼鏡などで拡大《かくだい》しないと見えないような、小さなつぶをどろといいます。

(4)地層には、れき、砂、どろだけでなく、火山の噴火によってふき出した火山灰が降り積もって、重なっているものもあります。

(5)地層から見つかることのある、大昔の生物の体や生活のあとなどを、化石といいます。

(6)地層は、見えているがけの表面だけでなく、横にもおくにも広がっています。

わかる! 理科　化石が見つかると、その化石をふくむ地層がたい積したときの環境がわかることがあります。例えば、アサリの化石が見つかれば、その場所は地層ができたとき、浅い海だったことがわかります。このように、地層がたい積したときの環境がわかる化石を、示相化石《しそうかせき》といいます。

示相化石とはちがい、化石が発見されるとその地層がいつごろたい積したのかがわかることがあります。このような化石を、示準化《しじゅんか》石《せき》といいます。恐竜《きょうりゅう》のように、生きていた期間が限られている生物の化石は、示準化石になります。

2 (1)大きな建物を建てるときには、地下の土や岩石をほり取り、地下のようすを調べます。このことをボーリングといい、ボーリングによって得られたものをボーリング試料といいます。

(2)ボーリング試料は、土の種類やその土をほり取った深さなど、さまざまなことを記録して、保管します。

62ページ　基本のワーク

1 ①火山灰　②ある

2 ①角ばっている(角ばった)

まとめ　①火山灰　②角ばった

63ページ　練習のワーク

1 (1)ウ　(2)イ
(3)角ばっている。

2 (1)イ　(2)イ　(3)ア

てびき **1** 地層には、火山の噴火によって火山灰が積もったものがあります。れきや砂やどろと比べて、火山灰のつぶは角ばっています。

2 (1)火山灰を観察しやすくするため、水で何回も洗ってから、そう眼実体けんび鏡で観察します。

(2)火山灰のつぶは、角ばったものが多く、とうめいなガラスのかけらのようなものもふくまれています。

(3)火山灰が降り積もると、地層ができます。火山灰は遠くはなれた地域まで飛ばされることがあります。

64・65ページ　まとめのテスト①

1 (1)広がっている。
(2)㋐㋔　㋑㋗
(3)ウ

2 (1)ボーリング
(2)ボーリング試料
(3)イ　(4)ア

3 (1)アンモナイト
(2)化石
(3)ウ
(4)㋒→㋑→㋓(→㋐)

4 (1)㋑
(2)火山灰のつぶは、海岸の砂のつぶと比べて、角ばったものが多い。
(3)ア
(4)①×　②○　③○　④×

丸つけのポイント

4 (2)火山灰のつぶが海岸の砂のつぶよりも角ばっていることが書かれていれば正解です。

てびき **1** (1)地層は見えているところだけでなく、おくにも広がっています。

(2)左右のがけに見られる地層は、もともとつながっていたと考えられます。もともと同じだった層にふくまれるつぶは同じで、層の重なる順も同じなので、これらを目安につながっていた層を探します。

(3)層によって、色や厚さ、つぶの大きさがちがっています。地層には、れき、砂、どろだけではなく火山灰がふくまれていることがあります。

2 (1)(2)建物を建てるときなどに、地下のようすを知るために土をほりとることをボーリングといい、ボーリングでほりとったものをボーリング試料といいます。

(3)図３を見ると、地表から1.5mの深さまではどろの層、1.5m～2.8mの深さまでは砂の層、2.8m～3.0mの深さまでは火山灰の層、3.0m～4.0mの深さまでは砂の層、4.0m～5.0mの深さまではれきの層が見られます。

(4)湖の底をほると、湖の底にたい積した土砂によってできた地層が見られることがあり、その中にケイソウなどの水中の生物の化石などが見られることがあります。

3 (1)写真は、大昔に生息していたアンモナイトという生物の体の一部です。

(2)写真のように、地層にふくまれているもののうち、大昔の生物の体や生活のあとなどを化石といいます。

(3)虫眼鏡などで拡大《かくだい》しなければ見えないほど小さいつぶは「どろ」で、2mm以上の大きさのつぶは「れき」といい、その中間は「砂」といいます。

(4)水中の生物が死ぬと、その死がいは水の底にしずみます。そこに土が流れこみ、死がいが土にうもれ、やがて地層になります。そして、長い年月の間に、地下の大きな力によっておし上げられ、地上でも水中の生物の化石や、それをふくむ地層が見られるようになります。

4 (1)(2)海岸の砂のつぶは、川を流されているうちにつぶどうしがぶつかり合ったりして角がけずられ、丸みを帯びていますが、火山灰のつぶはこのような作用を受けていないので、角ばっています。

(3)火山灰のつぶの表面はよごれているので、水で何度も洗い、よごれを落とします。よごれを落とした火山灰はかわかしてから、そう眼実体けんび鏡やかいぼうけんび鏡で観察します。

(4)火山灰のつぶには、とうめいなガラスのかけらのようなものがふくまれています。また、火山灰が降り積もると、地層になることもあります。

①火山灰のつぶは角ばった形をしたかたいつぶですが、木が燃えてできる灰はやわらかい粉のようになっています。

④火山灰は軽いので、遠くはなれた地域まで飛ばされることがあります。

66ページ　基本のワーク

1 (1)①どろ　②砂　③れき

(2)④大きさ

2 ①でい岩　②砂岩　③れき岩

まとめ　①つぶの大きさ　②れき岩

67ページ　練習のワーク

1 (1)れき→砂→どろ

(2)イ

(3)ア

2 (1)①どろ　②れき　③砂

(2)㋐でい岩　㋑れき岩　㋒砂岩

てびき **1** (1)(2)つぶの大きい順に並べると、れき、砂、どろとなります。つぶの大きさがちがうと水にしずむ速さがちがいます。そのため、つぶの大きいれきが最初にたい積し、次につぶが大きい砂がたい積します。最後に、つぶが最も小さいどろがたい積します。

(3)れき、砂、どろを混ぜた土を再び水で流しこむと、1度めの層の上に、れき、砂、どろが同じ順番で層になってたい積します。

2 (1)(2)たい積したれき、砂、どろが長い年月の間に固まると、岩石ができます。細かいどろが固まってできた岩石をでい岩、れきと砂などが混じったものが固まってできた岩石をれき岩、同じような大きさの砂が固まってできた岩石を砂岩といいます。

68ページ **基本のワーク**

❶ ①火山灰　②よう岩

❷ (1)①高さ　②断層

(2)③津波

まとめ　①火山活動　②地震

69ページ **練習のワーク**

❶ (1)よう岩　(2)火山灰

(3)火山活動　(4)ア

❷ (1)エ　(2)イ

(3)ア　(4)ウ

てびき ❶ (1)(2)火山が噴火すると、㋐のようなよう岩が流れ出たり、㋑のような火山灰が広いはんいに降り積もったりします。

(3)昭和新山(北海道)は、1943年からの火山活動によってできた山です。

(4)図3は、火山の噴火による災害のようすなので、家や畑は火山灰やよう岩によってうまってしまったと考えられます。

❷ (1)大地に大きな力がはたらき、大地がこの力にたえられなくなると、大きなずれが生じます。このずれを断層といいます。断層ができることで地震が起こります。

(2)山のしゃ面では、土砂や岩石がくずれることがあります。

(3)地震によるゆれで、土地が液体のようになる現象を液状化といいます。

(4)地震が海底で起こると、津波が海岸におし寄せることがあります。海には近づかず、安全な高いところへ避難しましょう。

70・71ページ **まとめのテスト②**

1 (1)れき→砂→どろ

(2)①れき　②どろ　③たい積

2 (1)砂　(2)㋒

(3)㋕

(4)①水

②(れき、砂、どろに)分かれてたい積して

3 (1)㋐よう岩　㋑火山灰

(2)①○　②×

(3)断層

(4)津波

(5)火山による熱で、電気をつくっている。

火山灰をふくむ土を使って、作物をさいばいしている。

温泉を利用することができる。

などから1つ

4 (1)エ

(2)①○　②×　③○

(3)①○　②×　③○　④○

(4)できる。

丸つけのポイント

2 (4)②分かれて積もることが書かれていれば正解です。

3 (5)火山があることを利用している例が書かれていれば正解です。

てびき **1** つぶの大きいものから水の底にしずんでいくので、下から、れき→砂→どろの順にたい積します。

2 (1)(2)砂とどろでは、砂のほうがつぶが大きいので先にたい積し、その上にどろがたい積します。同時に流した土は、つぶの大きさによって分かれてたい積します。

(3)時間をおいてからもう一度土を流すと、1度めにたい積した層の上に、1度めと同じように2度めの層が積もります。

(4)水のはたらきによって運ぱんされた土が、つぶの大きさによって、れき、砂、どろに分かれて、層になって水底にたい積することで、地層ができます。

3 (1)火山が噴火すると、よう岩が流れ出たり、火山灰が広いはんいに降り積もったりします。

(2)火山活動によって、新しい山や島、くぼ地、湖ができるなど、大地に変化をもたらすことがあります。

(3)図2のような大地のずれを断層といいます。断層ができるとき、地震が起こります。

(5)火山はひ害をもたらすこともありますが、めぐみをあたえてくれることもあります。火山の熱を利用して電気をつくることを、地熱発電といいます。火山灰の土が水はけがよいことなどを利用して、作物がさいばいされることもあ

ります。また、火山の近くでは温泉が出ることもあります。温泉を目的に、人々が観光におとずれることもあります。

わかる! 理科 火山灰でできている土地として代表的なものにシラス台地と関東ローム層があります。シラス台地は、鹿児島県と宮崎県に、関東ローム層は関東地域のほぼ全域《ぜんいき》に広がっています。火山灰の層は、水はけがよいので、水をはってイネをつくることには向いていません。そのため、これらの地域では、野菜のさいばいがさかんです。
例えば、鹿児島県ではダイコン、サツマイモなど、群馬県はキャベツ、キュウリ、コンニャクイモなど、栃木県はイチゴ、カンピョウなど、茨城県はメロン、ハクサイなど、千葉県はラッカセイ、ネギなど、埼玉県はブロッコリー、ネギなどの産地となっています。

4 (1)日本は火山活動や地震がとても多い地域です。そのため、しっかりとした備えが必要です。

(2)①②災害が発生したときに、どのような危険があるかを地図に表したものを、ハザードマップといいます。事前にどのような危険があるかを確認しておき、災害が発生したときにすばやく避難できるようにしておきましょう。

③火山の近くの地域では、土石流が町に流れこまないように、てい防やパイプを整備しているところがあります。

(3)①地震のゆれによって建物がたおれたり、こわれたりすることを防ぐために、いろいろな建物で補強工事が行われています。

②地震はいつ起こるかわからないので、日ごろからの備えがとても大切です。避難場所や避難場所への道のり、連らくの方法などを確認しておきましょう。

③海底で地震が起こると、津波がおし寄せてくることがあります。海の近くではなく、安全な高台などに避難します。

(4)過去の災害の経験を生かすと、ひ害を減らしたり防いだりすることができます。

8 てこのはたらき

72ページ 基本のワーク

1 (1)①作用点 ②支点 ③力点
(2)④てこ

2 ①小さく ②小さく

まとめ ①力点 ②作用点

73ページ 練習のワーク

1 (1)てこ (2)作用点
(3)支点 (4)力点

2 (1)力点 (2)支点、作用点
(3)㋐
(4)長くする。(遠くする。)

3 (1)作用点 (2)支点、力点
(3)㋐
(4)短くする。(近くする。)

てびき **1** (2)~(4)棒からものに力がはたらく㋐を作用点、棒を支える㋑を支点、棒に力を加える㋒を力点といいます。

2 (1)(2)この実験では、力点の位置を変えたときの手ごたえのちがいを調べているので、力点の位置だけを変えて、支点と作用点の位置は同じにして実験をします。

(3)(4)支点から力点までのきょりが短い㋐では大きな力が必要ですが、支点から力点までのきょりが長い㋒では小さな力でおもりを持ち上げることができます。

3 (1)(2)この実験では、作用点の位置を変えたときの手ごたえのちがいを調べているので、作用点の位置だけを変えて、支点と力点の位置は同じにして実験をします。

(3)(4)支点から作用点までのきょりが長い㋐では大きな力が必要ですが、支点から作用点までのきょりが短い㋒では小さな力でおもりを持ち上げることができます。

74・75ページ まとめのテスト①

1 (1)㋐作用点 ㋑支点 ㋒力点
(2)①㋑ ②㋐ ③㋒
(3)①㋐㋔ ㋑㋕ ㋒㋓
②長く ③あ

2 ①× ②○ ③× ④○

3 (1)①力点　②作用点　③支点
（②、③は順不同）
④作用点　⑤支点　⑥力点
（⑤、⑥は順不同）
(2)ウ
(3)支点から力点までのきょりを長くする。
(4)カ
(5)支点から作用点までのきょりを短くする。

4 (1)支点…イ　作用点…ア
(2)①　(3)①　(4)①

丸つけのポイント

3 (3)力点を支点から遠くするなど、支点と力点をはなすことが書かれていれば正解です。
(5)作用点を支点に近づけるなど、支点と作用点を近づけることが書かれていれば正解です。

てびき **1** (1)(2)棒からおもりに力がはたらくアを作用点、棒を支えるイを支点、棒に力を加えるウを力点といいます。

(3)①くぎを引っかけるオが作用点、力を加えるエが力点です。

②バールは、支点から作用点までのきょりよりも、支点から力点までのきょりのほうが長くなっています。このため、くぎを小さな力でぬくことができます。

③支点から力点までのきょりが長いあを持つと、小さな力でくぎをぬくことができます。

2 ①棒を使ったてこでは、手で棒をおすところが力点です。

③支点から作用点までのきょりが長いほど、ものを持ち上げるのに大きな力が必要です。

3 (1)図1は、棒をおす位置を変えて、力点をどのようにすると手ごたえが小さくなるかを調べています。このとき、力点の位置は変えますが、支点と作用点の位置は変えないで実験をします。図2は、おもりの位置を変えて、作用点をどのようにすると手ごたえが小さくなるかを調べています。このとき、作用点の位置は変えますが、支点と力点の位置は変えないで実験をします。

実験では、調べる条件だけを変えて、ほかの条件は同じにします。

(2)(3)支点から力点までのきょりが長いほど、手ごたえは小さくなります。図1では、支点から力点までのきょりが最も短いアで、最も手ごたえが大きくなります。また、支点から力点までのきょりが最も長いウで、最も手ごたえが小さくなります。

(4)(5)支点から作用点までのきょりが短いほど、手ごたえが小さくなります。図2では、支点から作用点までのきょりが最も長いエの位置におもりをつるすと、最も手ごたえが大きくなります。また、支点から作用点までのきょりが最も短いカの位置におもりをつるすと、最も手ごたえが小さくなります。このように、てこを使うと、力点や作用点の位置を変えることで、手ごたえを変えられます。

4 (1)棒に力を加えているウは力点です。

(2)～(4)イを①のほうへ動かすと、支点から力点までのきょりが長くなります。同時に、支点から作用点までのきょりが短くなります。そのため、支点の位置を①のほうに動かすと、手ごたえが小さくなります。

76ページ　基本のワーク

1 (1)①重さ　②きょり
(2)③120　④60　⑤40
⑥30　⑦×　⑧20

2 ①80

まとめ　①おもり　②支点

77ページ　練習のワーク

1 (1)ア支点からのきょり
イおもりの重さ
(2)支点からのきょり

2 (1)イ　(2)ア　(3)ウ

3 (1)4　(2)4個　(3)2個

てびき **1** (1)てこのうでをかたむけるはたらきは、おもりの重さ×支点からのきょりで表すことができます。左右のうでで、うでをかたむけるはたらきが等しいとき、てこは水平につり合います。

(2)てこが水平につり合っているとき、おもりの重さ×支点からのきょりの値《あたい》は決まった数になります。このとき、おもりの重さは、支点からのきょりに反比例します。

わかる! 理科 2つの量x、yがあって、xの値が2倍、3倍、4倍、…になると、yの値が$\frac{1}{2}$倍、$\frac{1}{3}$倍、$\frac{1}{4}$倍、…となるとき、「yはxに反比例する」といいます。

これは、てこが水平につり合うときの支点からのきょりとおもりの重さの関係にも当てはまります。支点からのきょりが2倍、3倍、4倍、…になると、てこがつり合うおもりの重さが$\frac{1}{2}$倍、$\frac{1}{3}$倍、$\frac{1}{4}$倍、…となります。

2 (1)左のうでをかたむけるはたらきは、40×1＝40、右のうでをかたむけるはたらきは、20×1＝20となります。うでは、かたむけるはたらきの大きいほうにかたむくので、うでが左にかたむきます。
(2)左のうでをかたむけるはたらきは、40×1＝40、右のうでをかたむけるはたらきは、20×2＝40となります。左右のうでをかたむけるはたらきが等しいので、水平につり合います。
(3)左のうでをかたむけるはたらきは、40×1＝40、右のうでをかたむけるはたらきは、20×3＝60となります。右のうでをかたむけるはたらきのほうが大きいので、うでが右にかたむきます。

3 左右のうでの「おもりの重さ×支点からのきょり」が等しいとき、てこは水平につり合います。
(1)40×1＝10×□より、□＝4　4の位置におもりをつるします。
(2)40×1＝□×1より、□＝40　おもりは1個10gなので、4個つるします。
(3)40×1＝□×2より、□＝20　おもりは1個10gなので、2個つるします。

78ページ
基本のワーク

1 (1)①支点　②作用点　③力点
④作用点　⑤支点　⑥力点
⑦支点　⑧力点　⑨作用点
(2)⑩大きい　⑪小さい

まとめ ①支点　②位置

79ページ
練習のワーク

1 (1)㋐作用点　㋑支点　㋒力点
(2)②、③に○
(3)②に○
(4)①作用点　②短く

2 ①㋐　②㋑　③㋒
④㋐　⑤㋑

てびき **1** (1)ものを切る㋐の部分が作用点、力を加える㋒の部分が力点です。
(2)支点(㋑)から作用点(㋐)までのきょりが短く、支点(㋑)から力点(㋒)までのきょりが長いはさみほど、小さな力でものを切ることができます。
(3)(4)作用点が支点に近い㋑の部分に紙をはさむと、小さな力で紙を切ることができます。

2 てこを利用した道具では、力を加えているところが力点、力がはたらくところが作用点、道具を支えているところが支点です。
図2の㋐は、支点が力点と作用点の間にあるてこで、はさみやバール、ペンチ、クリップ、プルタブなどが当てはまります。このてこでは、作用点を支点に近づけたり、力点を支点から遠ざけたりすると、より小さな力で作業をすることができます。例えば、はさみを使うときに根元で切ると小さな力で紙を切ることができるのは、作用点を支点に近づけているからです。また、バールを上のほうで持つと小さな力でくぎをぬくことができるのは、支点から力点までのきょりを長くしているからです。

㋑は、作用点が支点と力点の間にあるてこで、せんぬきや空きかんつぶし、穴あけパンチなどが当てはまります。このてこでは、力点に加えた力よりも作用点ではたらく力を大きくすることができます。

㋒は、力点が作用点と支点の間にあるてこで、トングやピンセット、糸切りばさみなどが当てはまります。力点で加えた力よりも作用点ではたらく力を小さくすることができ、パンなどをつぶさずにつかむことができます。

80・81ページ　まとめのテスト②

1 (1)おもりの重さ(力の大きさ)、
支点からのきょり
(2)図１…ア　図２…ウ
(3)㊁　(4)４個

2 ①120　②60　③6　④3
⑤30　⑥12

3 (1)㋐支点　㋑力点
(2)支点…㋔　力点…㊁
(3)図１…イ　図２…ウ
(4)ア　(5)イ

4 ①イ　②ア　③ウ　④ア　⑤ウ　⑥イ
⑦ア　⑧ア

てびき **1** (2)図１で、左のうでをかたむけるはたらきは、$20 \times 2 = 40$、右のうでをかたむけるはたらきは、$20 \times 2 = 40$です。左右のうでで等しいので、てこは水平につり合います。

図２で、左のうでをかたむけるはたらきは、$20 \times 2 = 40$、右のうでをかたむけるはたらきは、$20 \times 3 = 60$です。右のうでをかたむけるはたらきのほうが大きいので、右のうでが下がります。

(3)左右のうでをかたむけるはたらきは、
$20 \times 2 = 10 \times \square$より、$\square = 4$
４の位置(㊁)につるすと水平につり合います。

(4)左右のうでをかたむけるはたらきは、
$20 \times 2 = \square \times 1$より、$\square = 40$　おもりは１個10gなので、４個つるすと水平につり合います。

2 それぞれで、左右のうでをかたむけるはたらきを調べます。

①$\square \times 1 = 30 \times 4$　$\square = 120$
②$\square \times 2 = 30 \times 4$　$\square = 60$
③$20 \times \square = 30 \times 4$　$\square = 6$
④$40 \times \square = 30 \times 4$　$\square = 3$
⑤$60 \times 4 = \square \times 8$　$\square = 30$
⑥$60 \times 4 = 20 \times \square$　$\square = 12$

3 図１のペンチは、作用点－支点(㋐)－力点(㋑)の順に並んでいます。図２の糸切りばさみは、作用点(㋒)－力点(㊁)－支点(㋔)の順に並んでいます。

(4)ペンチは、支点から作用点までよりも、支点から力点までのきょりを長くして使えるので、小さな力で作業をすることができます。

(5)糸切りばさみは、支点から作用点までよりも、支点から力点までのほうがきょりが短いので、力点での力は、作用点で小さくなります。

4 せんぬき、空きかんつぶしなどは、支点と力点の間に作用点があります。バール、はさみ、プルタブ、クリップなどは、作用点と力点の間に支点があります。ピンセット、トングなどは、作用点と支点の間に力点があります。

わかる! 理科　身の回りには、てこを利用した道具がたくさんあります。ねじ回し(ドライバー)もてこを利用しています。これは、支点となるじくに、小さな輪と大きな輪をつけ、大きな輪を力点、小さな輪を作用点としています。こうすることで、支点から力点までのきょりが長く、支点から作用点までのきょりが短くなるので、小さな力で動かすことができます。このてこのしくみを輪じくといい、自動車のハンドルやじゃ口などにも利用されています。

9 発電と電気の利用

82ページ 基本のワーク

1 ①逆向きに回る。
②速く回る。

2 ①逆向きに回る。
②速く回る。
③ゆっくり回る。

まとめ ①大きく ②強く

83ページ 練習のワーク

1 (1)手回し発電機
(2)回る。
(3)ア (4)発電 (5)ア
(6)大きくなったから。

2 (1)回る。 (2)イ (3)ウ
(4)変わる。

てびき 1 (2)〜(4)手回し発電機をモーターにつないでハンドルを回すと、電流が流れ、モーターが回ります。このことから、手回し発電機には、電気をつくるはたらきがあることがわかります。電気をつくるはたらきを、発電といいます。

(5)(6)手回し発電機のハンドルを速く回すと、モーターが速く回ります。このことから、手回し発電機のハンドルを速く回すと、回路に流れる電流が大きくなることがわかります。

2 (1)光電池にモーターをつないで光を当てると、モーターが回ります。このように、光電池に光が当たると、回路に電流が流れます。

(2)光電池のつなぐ向きを逆にすると、モーターは逆向きに回ります。このことから、光電池のつなぐ向きを変えると、電流の向きが変わることがわかります。

(3)(4)光電池に当てる光の強さを変えると、モーターの回る速さが変わります。光電池に当てる光の強さによって、電流の大きさが変わります。

84ページ 基本のワーク

1 (1)①たくわえる
(2)②発光ダイオード

2 ①運動 ②熱 ③光 ④音

まとめ ①コンデンサー ②熱

85ページ 練習のワーク

1 (1)イ
(2)①発光ダイオード ②豆電球
③少し

2 (1)㋐、㋔ (2)㋒、㋕
(3)㋓ (4)㋑

てびき 1 (1)コンデンサーには、電気をたくわえるはたらきがあります。

(2)同じ量の電気をたくわえたコンデンサーを、豆電球と発光ダイオードにそれぞれつなぐと、発光ダイオードのほうが長い時間明かりがつきます。このことから、発光ダイオードは、豆電球と比べて、少ない電気で明かりがつくことがわかります。

わかる! 理科 明かりをしばらくつけた後に豆電球をさわると、あたたかくなっています。これは、豆電球の明かりをつけるときに、電気が、光だけでなく熱にも変わっているからです。発光ダイオードは明かりをつけた後にさわっても、ほとんどあたたかくなっていません。これは、明かりをつけるときに、電気がほとんど光に変わり、熱にはほとんど変わっていないからです。このように、発光ダイオードは、効率よく電気を使うことができるので、いろいろな場所で使われるようになってきています。

2 電気は、さまざまなものに変えて利用されています。

(2)そうじ機や洗たく機にはモーターが使われていて、電気を運動に変えて利用しています。

わかる! 理科 テレビでは、電気を光や音に変えています。このように、1つの電気製品で電気をいろいろなものに変えて利用していることがあります。また、いろいろなものに変えられた一部を利用しているものもあります。照明では、電気が光や熱に変えられますが、わたしたちは光を利用しています。

86ページ **基本のワーク**

❶ (1)①つく

(2)②センサー　③プログラム

まとめ　①センサー　②プログラム

87ページ **練習のワーク**

❶ (1)ア　(2)プログラム

(3)プログラミング

(4)①暗い　②明るい

てびき ❶ (1)周りが暗くなると明かりがつき、明るくなると明かりが消えるので、センサーは周りの明るさを読み取っていると考えられます。

(2)(3)コンピュータには、自動で動作するようにさまざまな手順や指示が組みこまれています。この手順や指示をプログラムといい、プログラムをつくることをプログラミングといいます。

(4)明かりがつくのは周りが暗いとき、明かりが消えるのは周りが明るいときです。

わかる! 理科　身の回りには、さまざまなセンサーが使われています。例えば、自動ドアが開いたり閉じたりするのは、センサーで人の動きを読み取っているからです。ほかにもスマートフォンの向きを変えると、自動で画面が回転します。これには、かたむきを読み取るセンサーが使われています。

88・89ページ **まとめのテスト**

1 (1)発電　(2)回る。

(3)回らなくなる。　(4)イ

(5)逆向きになるから。

(6)速くなる。(速く回る。)

2 (1)光電池　(2)電流

(3)逆向きに回る。

(4)回らなくなる。

3 (1)コンデンサー　(2)イ

(3)イ　(4)豆電球

(5)発光ダイオードは、電球よりも少しの電気で明かりをつけることができるから。

4 (1)㋓　(2)㋐　(3)㋑　(4)㋒

丸つけのポイント

3 (5)発光ダイオードのほうが、明かりをつけるときに使う電気が少ないことが書かれていれば正解です。

てびき **1** (2)(3)手回し発電機のハンドルを回すと、電流が流れるので、モーターが回ります。ハンドルを回すのをやめると、電流が流れなくなるので、モーターは回らなくなります。

(4)(5)手回し発電機のハンドルを逆向きに回すと、モーターが逆向きに回ることから、電流が逆向きに流れることがわかります。

(6)手回し発電機のハンドルを速く回すと、モーターは速く回ります。このことから、手回し発電機のハンドルを回す速さを変えると、電流の大きさが変わることがわかります。

2 (2)～(4)光電池に光を当てると、電流が流れてモーターが回ります。光電池のつなぐ向きを逆にすると、モーターは逆向きに回ります。光電池に光を当てないようにすると、モーターは回らなくなります。光電池は、光が当たっているときだけ電流を流すはたらきがあります。また、つなぎ方によって電流の向きを変えたり、光の強さによって電流の大きさを変えたりすることができます。

3 (2)コンデンサーは電気をたくわえる器具です。手回し発電機につなぎ、同じ速さで同じ回数ハンドルを回すことで、同じ量の電気をコンデンサーにたくわえることができます。

(3)(4)同じ量の電気をためたコンデンサーに豆電球と発光ダイオードをつなぐと、発光ダイオードのほうが長い時間明かりがつきます。このことから、発光ダイオードのほうが使う電気が少なく、豆電球のほうがたくさん電気を使うことがわかります。

4 わたしたちは、電気をいろいろなものに変えて利用しています。電気スタンドは光、ラジオは音、電車は運動、アイロンは熱におもに変えて、利用しています。

10　自然とともに生きる

90ページ　基本のワーク

1 ①天然ガス　②ガソリン　③二酸化炭素
④工業　⑤木
⑥環境　⑦守る

まとめ　①環境　②守る

91ページ　練習のワーク

❶ (1)天然ガス　(2)二酸化炭素
(3)①○　②×　③○
(4)生物を育てたり、とったりしている。

❷ (1)肥料　(2)発電
(3)SDGs

てびき ❶ (1)火力発電所では、石炭や天然ガスなどの燃料を燃やして発電しています。

(2)ガソリンを燃やすと、酸素が使われて空気中に二酸化炭素が出ます。

わかる! 理科　わたしたちが、石油や石炭を大量に使い始めた1800年代半ばから、空気中の二酸化炭素の割合が増え続けています。空気中の二酸化炭素の割合の増加は、地球の気温が少しずつ上がっている原因の１つではないかと考えられています。

(3)ヒトは、地球上をじゅんかんする水を利用して生活しています。ふだんの生活だけでなく農業や工業などのいろいろなところで水が利用されています。

❷ (1)段ボールコンポストとは、土の中の小さな生物が生ごみを分解して、肥料に変える装置です。

(2)下水浄化センターでは、下水をきれいにするだけでなく、下水処理をしたときに発生するバイオガスを使って発電したり、どろを利用して肥料をつくるなどして、下水を有効に利用しています。

(3)「持続可能な開発目標」を英語で表すと、「Sustainable Development Goals」といい、これを略してSDGs(エス・ディー・ジーズ)といいます。

92・93ページ　まとめのテスト

1 (1)①×　②○　③×　④○
⑤×　⑥○　⑦○
(2)①×　②○　③○

2 (1)石炭、天然ガスから１つ
(2)二酸化炭素
(3)増えている。

3 (1)下水処理のバイオガスで発電している。どろを使って肥料をつくっている。
(2)持続可能な開発目標
(3)エシカル消費
(4)①う　②あ　③い

4 ①×　②○　③×　④○　⑤○

丸つけのポイント
3 (1)バイオガスで発電していることと肥料をつくることが書かれていれば正解です。

てびき 1 (1)①呼吸によって、酸素を取り入れて二酸化炭素を空気中に出しています。

③ガソリンを燃やして走る自動車からは、空気をよごす原因となる気体が出ていると考えられています。

④⑤ヒトは、生活の中でたくさんの水を使っています。また、農業や工業などでもたくさんの水が使われています。

⑥野菜を育てるためには、水が必要です。

(2)石油や石炭などの燃料は、使い続けるとなくなってしまいます。燃料がなくなるとこれまでと同じような生活をすることはできません。使う量を減らす取り組みが大切です。また、水をたくさん使うと、その分よごれた水をきれいにする必要があります。水のむだ使いをしないこと、水をなるべくよごさないようにすることが大切です。

2 石油や石炭、天然ガスなどを燃やすと、二酸化炭素が発生し、空気中の二酸化炭素の割合が増えます。二酸化炭素の割合が増えることは、地球の温度が少しずつ上がっている原因の１つではないかと考えられています。また、石油や石炭などの燃料は地球に限りなくあるわけでなく、使い続けるといずれなくなってしまいます。そのため、二酸化炭素が空気中に増えることをおさえるためだけでなく、限られた資源《しげん》を少しでも長く使うためにも、火力発電以外の発電方法が増えてきています。

3 ⑴下水浄化センターでは、水をきれいにするときに発生するバイオガスを使って発電しています。また、どろを利用して肥料もつくっています。このように、下水を有効に使っています。

⑵Sustainable(サステナブル)とは「持続可能な」という意味です。Development(デベロップメント)とは「開発」という意味です。Goals(ゴールズ)とは目標という意味です。

⑶「必要以上にものを買わないこと」、「長く使い続けること」なども、ごみを減少させることにつながるので、エシカル消費といえます。

⑷自動車やオートバイを使わずに自転車を使うことによって、自動車やオートバイから出る二酸化炭素の量を減らすことができます。また、使わない電気を消して、電気をむだにしないことや、エコバッグを使ってレジぶくろをつくる量を減らすなどして、資源をむだにしないことも大切です。

4 ①②木を切ったところに木を植えると、森林の減少をおさえることができます。

③海をうめ立てると、そこにすんでいた生物のすみかがうばわれてしまいます。

④⑤自然を観察したり、実際に調査をしたりして、自然についてよく知ることが環境を守るためには大切です。

プラスワーク

94～96ページ **プラスワーク**

1 ⑴燃えにくくなる。
⑵空気が入れかわるようにするため。

2 ⑴多くなっている。
⑵激しくなっているから。

3 ⑴朝の時点ででんぷんがないことを確かめるため。
⑵㋑

4 ⑴あわを出してとける。
⑵あわを出してとける。
⑶塩酸はアルミニウムや鉄をとかすから。
⑷とかさない。

5 ⑴太陽のある側　⑵右側
⑶

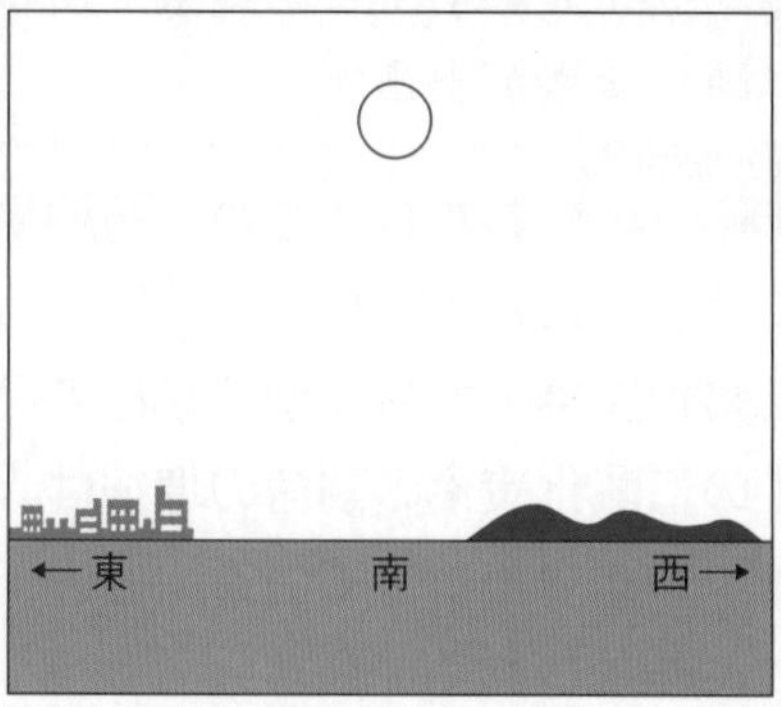

⑷

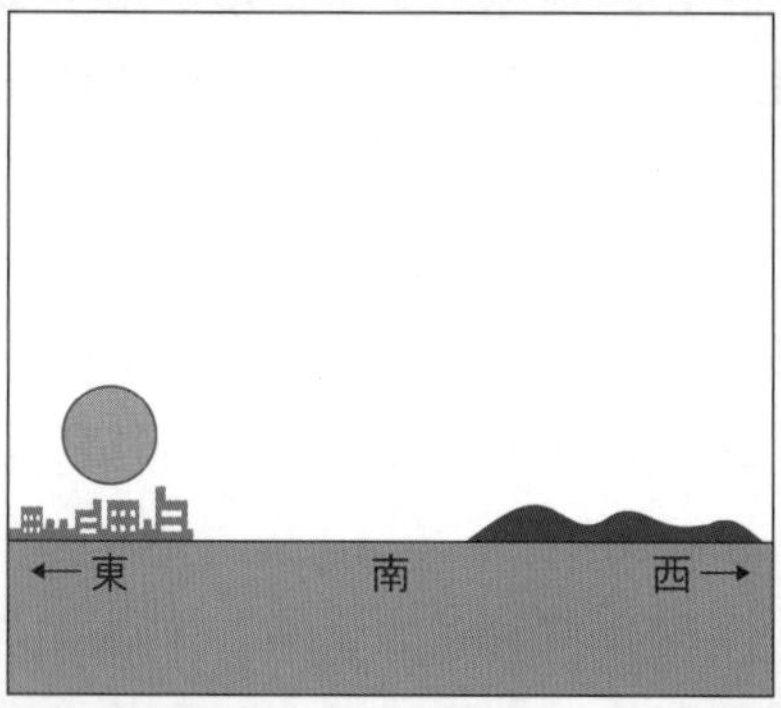

6 ⑴㋕　⑵㋓
⑶層…㋒
はたらき…火山(の噴火)

7 ⑴イ
⑵

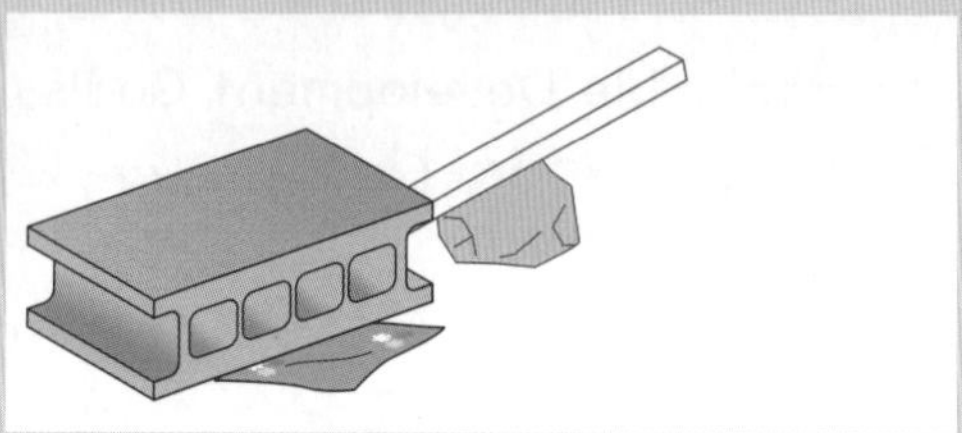

8 (1)光電池に光をあてる。
手回し発電機のハンドルを回す。
(2)発光ダイオード…光　ラジオ…音
(3)少しの電気で明かりをつけることができる点

9 (1)油で水がよごれるのを減らすため。
(2)再利用されるから。

丸つけのポイント

1 (2)新しい空気にふれることについて書かれていても正解です。

3 (1)朝にでんぷんがないことを確かめるためだということが書かれていれば正解です。

4 (3)塩酸を入れるとアルミニウムや鉄の容器がとけるということが書かれていれば正解です。

8 (3)電球よりも発光ダイオードのほうが、少しの電気で明かりがつくということが書かれていれば正解です。

てびき **1** すきまができるように木を組むと、下から空気が入り、上から空気が出ていくので、空気が入れかわります。このため、木がよく燃えます。

2 脈はくは心臓のはく動と対応しているので、心臓が激しく動いているときは、脈はくの回数も多くなります。

3 (1)調べる日の朝に、㋐の葉にでんぷんがなければ、㋑と㋒の葉にも朝の時点ではでんぷんがなかったといえます。こうすることで、㋑の葉にでんぷんがつくられたのは、日光に当たったからであるということができます。

(2)日光に当たった㋑の葉だけに、でんぷんができています。

4 (1)～(3)塩酸をアルミニウムや鉄に加えると、アルミニウムや鉄はあわを出してとけます。このため、これらの金属は、塩酸を保存する容器には適していません。

(4)塩酸をガラスに加えても、ガラスは変化しないので、塩酸はガラスのびんに入れて保存することができます。

5 (1)月は、いつも太陽のある側がかがやいて見えます。

(2)太陽が西にしずむころに見られる半月は、右側(太陽のある側)がかがやいて見える半月(上弦の月)です。左側がかがやいて見える半月は、午前中に見られる半月(下弦の月)です。

(3)右側がかがやいて見える半月(上弦の月)は、太陽が西にしずむころ、南の空に見えます。

(4)太陽が西にしずむころ、月が東の空に見られるので、地球から見て月と太陽は反対側にあるとわかります。月が太陽の反対側にあるときに見られるのは、満月です。

6 (1)(2)れきのつぶがもっとも大きく、どろのつぶがもっとも小さいです。そのため、どろのつぶが、河口からもっとも遠いところまで流されて積もります。

(3)どろ、砂、れきの層のつぶは、水のはたらきでできるため、角が取れた丸みのある形をしています。一方、火山灰のつぶは角ばった形をしています。これは、火山の噴火でできた地層のつぶの特ちょうです。

7 ハンカチは、棒とかたい石を用いて、てこを利用して取り出します。まず、ブロックのそばにかたい石を置き、ブロックのくぼんでいる部分に棒の先を入れます。棒とブロックが接するところを作用点、棒とかたい石が接するところを支点とします。次に、ブロックの反対側の棒の先を持ち、下向きに力を加えます。棒に力を加えたところが力点になります。このとき、支点と作用点のきょりを短くし、力点と支点のきょりを長くするほど、小さな力でブロックを動かすことができます。

8 (1)図のかい中電灯には、光電池と手回し発電機がついているので、これらを使って発電することができます。

(2)発光ダイオードは電気を光に、ラジオは電気を音に変えます。

(3)発光ダイオードは、電球に比べて、少しの電気で明かりをつけることができます。

9 (1)食器の油よごれをふかずに水で洗うと、よごれた水をたくさん流してしまいます。

(2)ペットボトルをごみとして捨てて燃やすと、空気をよごしてしまいます。ペットボトルを分別して再利用すると、燃やすものを減らすことができ、空気を守ることにつながります。また、資源もむだにしないですみます。

実力判定テスト　夏休みのテスト①

1 次の図のように、底のないびんを用意し、ろうそくの燃え方を調べました。あとの問いに答えましょう。　1つ5〔20点〕

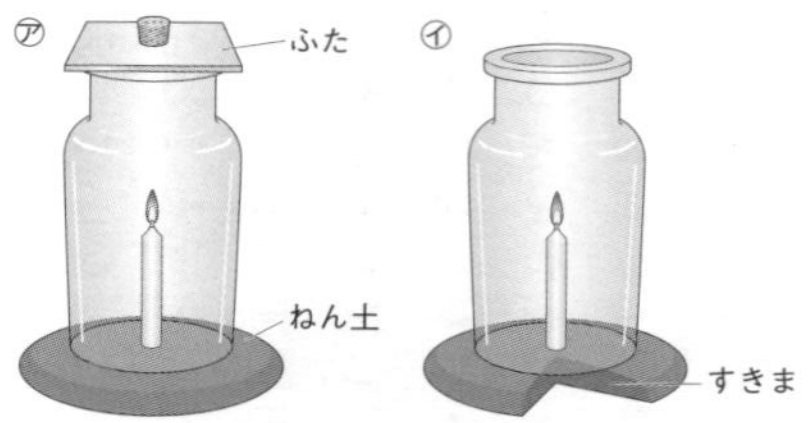

(1) ㋐で、ろうそくは燃え続けますか、火が消えますか。　（火が消える。）
(2) ㋑で、ろうそくは燃え続けますか、火が消えますか。　（燃え続ける。）
(3) ㋑で、下のすきまに線香のけむりを近づけると、けむりはびんの中に流れこみますか。　（流れこむ。）
(4) ものがよく燃え続けるには、どうなることが必要ですか。
（(火が)新しい空気にふれること）

2 次の図のような酸素《さんそ》、ちっ素《そ》、二酸化炭素《にさんかたんそ》を入れたそれぞれのびんに、火のついたろうそくを入れ、燃え方を調べました。あとの問いに答えましょう。　1つ5〔20点〕

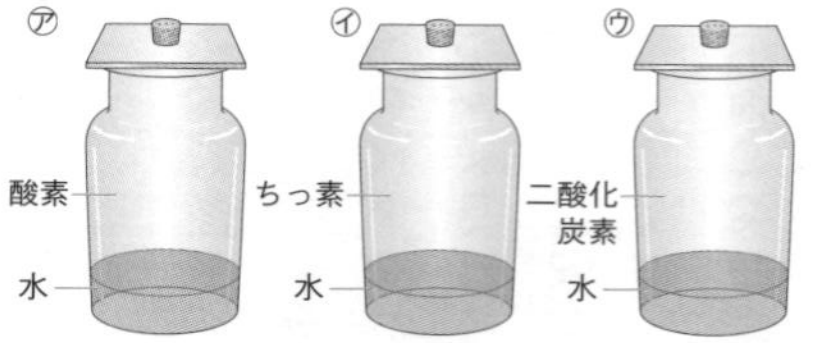

(1) ろうそくが激《はげ》しく燃えるのは、㋐～㋒のどれですか。　（㋐）
(2) 酸素には、どのようなはたらきがありますか。
（ものを燃やすはたらき）
(3) ちっ素と二酸化炭素に、それぞれ(2)のはたらきはありますか。
ちっ素（ない。）
二酸化炭素（ない。）

3 ヒトの体のつくりとはたらきについて、あとの問いに答えましょう。　1つ3〔30点〕

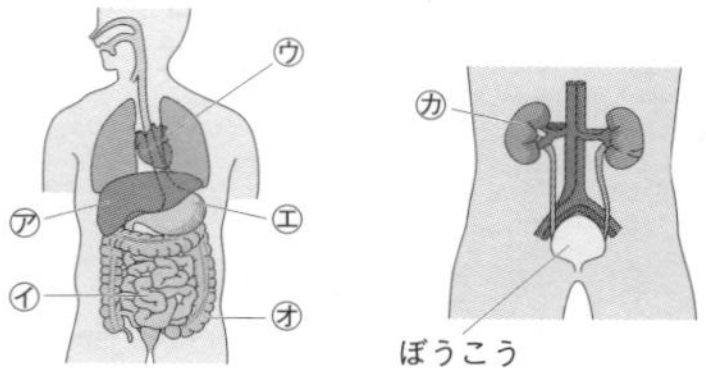

(1) ㋐～㋕の臓器《ぞうき》をそれぞれ何といいますか。
㋐（かん臓）　㋑（小腸）
㋒（心臓）　㋓（胃）
㋔（大腸）　㋕（じん臓）
(2) 次のはたらきをしている臓器を、それぞれ㋐～㋕から選びましょう。
① 消化《しょうか》された養分を吸収《きゅうしゅう》する。　（㋑）
② 吸収された養分をたくわえる。　（㋐）
③ 血液を全身に送り出す。　（㋒）
④ 不要なものをこし出し、にょうをつくる。　（㋕）

4 次の図のように、㋐には吸《す》う空気、㋑にははき出した息を入れました。あとの問いに答えましょう。　1つ6〔30点〕

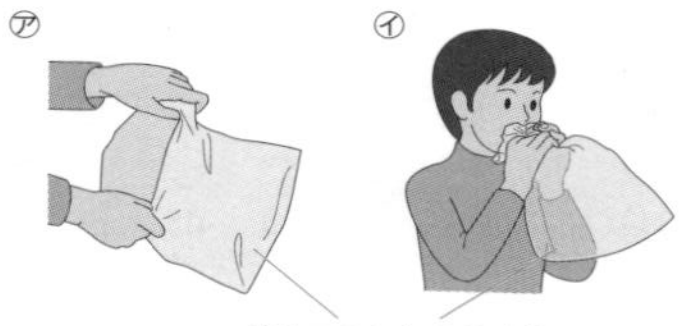

(1) ㋐、㋑のふくろに石灰水《せっかいすい》を入れてふると、石灰水はそれぞれどうなりますか。
㋐（変わらない。）　㋑（白くにごる。）
(2) 次の（　）に当てはまる言葉を書きましょう。

ヒトは空気を吸ったりはき出したりして、肺《はい》で空気中の①（酸素）を血液に取り入れ、血液から②（二酸化炭素）を出す。このことを③（呼吸）という。

実力判定テスト　夏休みのテスト②

1 次の図1のように、ほり出したホウセンカを色水にひたしておきました。あとの問いに答えましょう。　1つ11〔22点〕

図1

図2

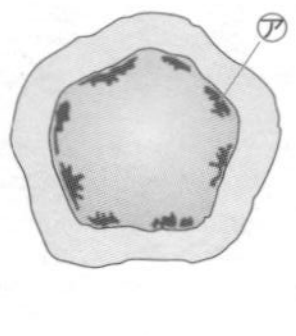

(1) 水はどのような順で植物の体全体に行きわたりますか。根、くき、葉を正しい順に並《なら》べましょう。
（根　→　くき　→　葉）
(2) 図2は、図1のくきを横に切った切り口を表したものです。青色になっている㋐は、何の通り道ですか。　（水）

2 晴れた日に、葉のついたホウセンカと、葉を全部取ったホウセンカにポリエチレンのふくろをかぶせ、しばらくおきました。あとの問いに答えましょう。　1つ9〔27点〕

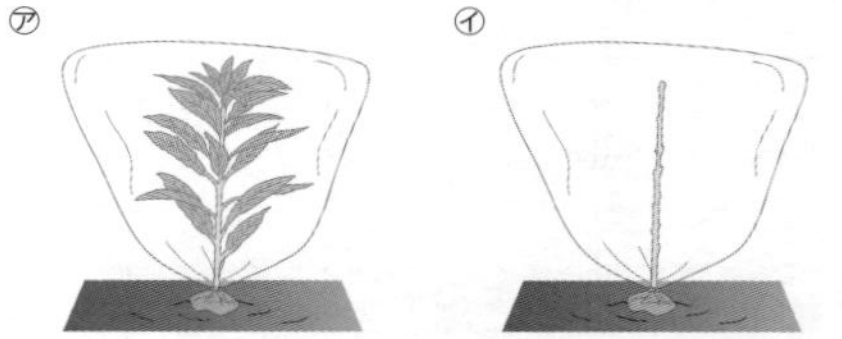

(1) ㋐、㋑のうち、ふくろの内側に多くの水てきがついたのはどちらですか。　（㋐）
(2) ふくろについた水てきの量のちがいから、植物に取り入れられた水は、おもにどこから出ていくと考えられますか。　（葉）
(3) 植物に取り入れられた水が水蒸気《すいじょうき》になって植物の体から出ていくことを、何といいますか。
（蒸散）

3 次の図のように、㋐～㋒の葉におおいをし、一晩《ひとばん》おきました。次の日の朝、㋐、㋑のおおいを外し、㋐を取ってヨウ素液で調べました。㋑、㋒はそのまま日光に4～5時間当てた後、取ってヨウ素液で調べました。あとの問いに答えましょう。　1つ8〔24点〕

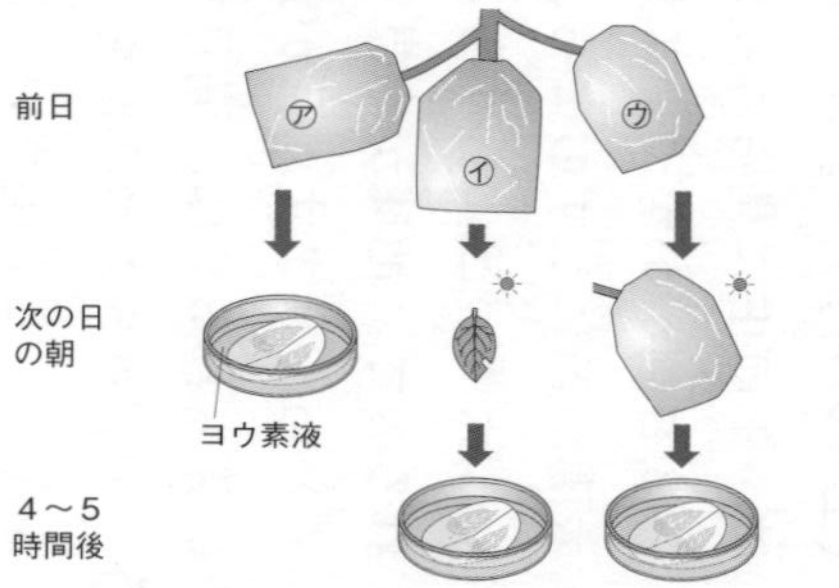

(1) ヨウ素液を使うと、何という養分があるかどうかを調べることができますか。　（でんぷん）
(2) ㋐～㋒のうち、ヨウ素液で調べると色が変わる葉はどれですか。　（㋑）
(3) 葉に(1)ができるには、どのようなことが必要ですか。
（葉に日光が当たること）

4 生物どうしのつながりについて、あとの問いに答えましょう。　1つ9〔27点〕

(1) 植物は自分で養分をつくることができますか。
（できる。）
(2) 動物は自分で養分をつくることができません。どのようにして養分を取り入れていますか。
（ほかの生物を食べる。）
(3) 生物どうしの、「食べる・食べられる」のひとつながりの関係を何といいますか。（食物連鎖）

もんだいのてびきは 32 ページ

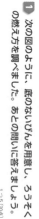

実力判定テスト　冬休みのテスト①

1 ㋐～㋓の試験管には、それぞれうすい塩酸、食塩水、炭酸水、うすいアンモニア水が入っています。あとの問いに答えましょう。　1つ7〔28点〕

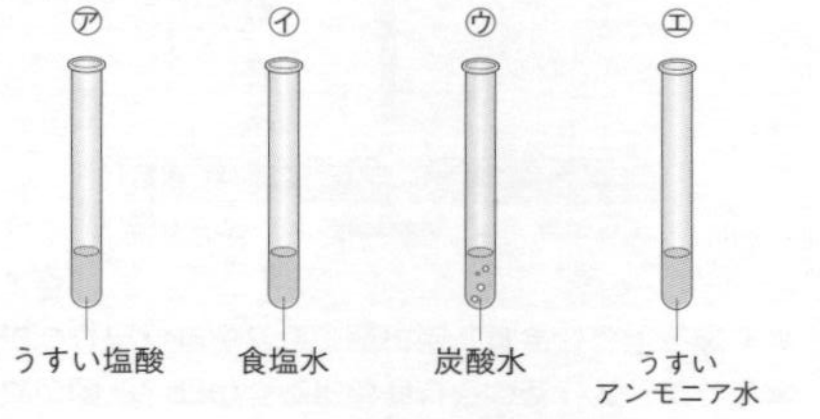

(1) ㋐～㋓の水よう液のうち、あわが出ているものを選びましょう。　（ ㋒ ）

(2) ㋐～㋓の水よう液のうち、においのするものを2つ選びましょう。　（ ㋐ ）（ ㋓ ）

(3) ㋐～㋓の水よう液のうち、蒸発《じょうはつ》させると白い固体が残るものを選びましょう。　（ ㋑ ）

2 リトマス紙を使って、水よう液を3つの仲間に分けました。あとの問いに答えましょう。　1つ6〔42点〕

㋐	赤色のリトマス紙だけが青色に変わる。
㋑	どちらのリトマス紙も色が変わらない。
㋒	青色のリトマス紙だけが赤色に変わる。

(1) リトマス紙の使い方について、正しいものを2つ選び、○をつけましょう。

①（　）リトマス紙は手で直接取り出す。

②（ ○ ）リトマス紙はピンセットで取り出す。

③（ ○ ）ガラス棒《ぼう》でリトマス紙に水よう液をつける。

④（　）リトマス紙を直接水よう液につける。

(2) ㋐～㋒は、それぞれ何性の水よう液ですか。

㋐（ アルカリ性 ）

㋑（ 中性 ）

㋒（ 酸性 ）

(3) 塩酸と食塩水には、それぞれ㋐～㋒のどの性質がありますか。

塩酸（ ㋒ ）

食塩水（ ㋑ ）

3 次の図のように、炭酸水から出る気体を集めました。あとの問いに答えましょう。　1つ6〔12点〕

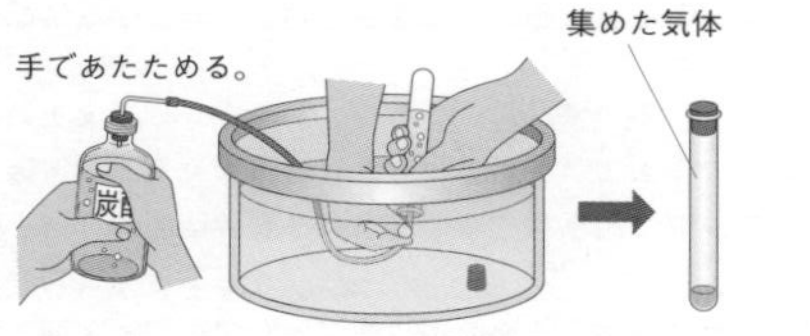

(1) 気体を集めた試験管に石灰水《せっかいすい》を入れ、ゴムせんをしてふりました。石灰水はどうなりますか。

（ 白くにごる。 ）

(2) (1)から、集めた気体には何がふくまれていることがわかりますか。　（ 二酸化炭素 ）

4 次の図のように、アルミニウムにうすい塩酸を加えてしばらくおいた後、上《うわ》ずみ液《えき》を熱しました。あとの問いに答えましょう。　1つ6〔18点〕

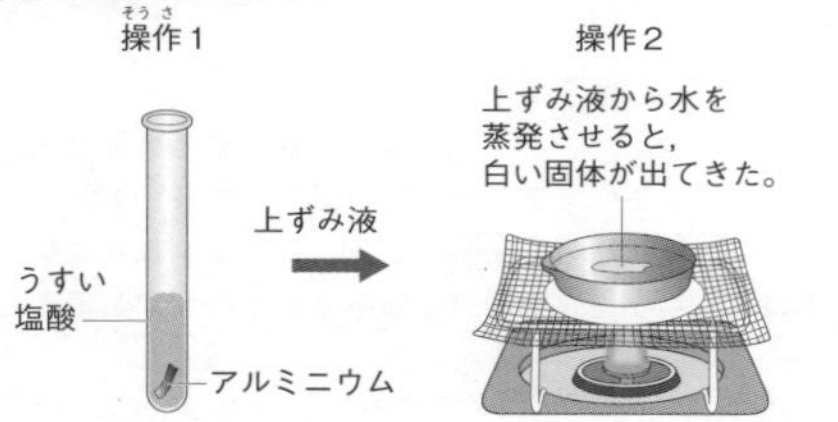

(1) 操作1で、アルミニウムにうすい塩酸を加えると、アルミニウムはどうなりますか。ア～ウから選びましょう。　（ ア ）

ア　あわを出してとける。

イ　あわを出さずにとける。

ウ　変化が見られない。

(2) 操作2で出てきた固体にうすい塩酸を加えると、固体はどうなりますか。(1)のア～ウから選びましょう。　（ イ ）

(3) 操作2で出てきた白い固体は、アルミニウムと同じものですか、別のものですか。

（ 別のもの ）

実力判定テスト　冬休みのテスト②

1 月について、あとの問いに答えましょう。　1つ3〔30点〕

図1

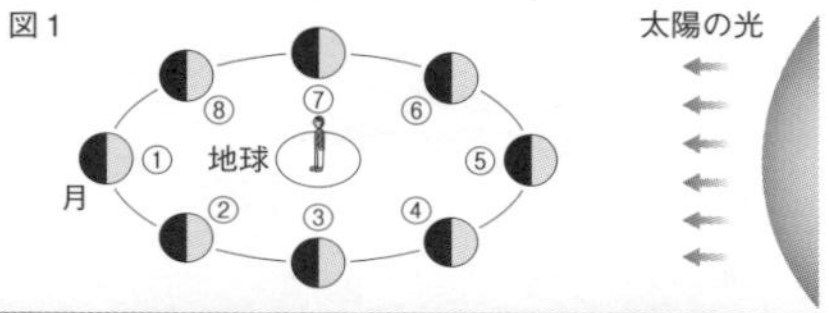

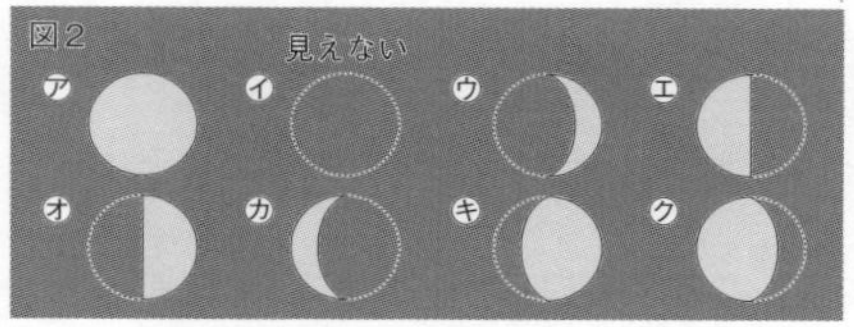

(1) 図1の①～⑧の位置にある月は、地球からはどのような形に見えますか。それぞれ図2の㋐～㋗から選びましょう。

①（ ㋐ ）　②（ ㋗ ）　③（ ㋓ ）　④（ ㋕ ）

⑤（ ㋑ ）　⑥（ ㋒ ）　⑦（ ㋔ ）　⑧（ ㋖ ）

(2) 月のかがやいている側には、いつも何がありますか。　（ 太陽 ）

(3) 月の形が、日によって変わって見えるのは、なぜですか。

（月と太陽の位置関係が変わるから。）

2 次の写真は、地層《ちそう》にふくまれていた岩石を表しています。あとの問いに答えましょう。　1つ6〔24点〕

㋐おもにどろ　　㋑おもに砂《すな》　　㋒おもにれき

(1) ㋐～㋒の岩石の名前をそれぞれ書きましょう。

㋐（ でい岩 ）

㋑（ 砂岩 ）

㋒（ れき岩 ）

(2) ㋐～㋒の岩石をふくむ地層は、何のはたらきでたい積しましたか。

（ 水のはたらき ）

3 次の図1は、ある地層を観察したものです。図2は、図1のある層《そう》からとったものを観察したようすです。あとの問いに答えましょう。　1つ7〔28点〕

図1

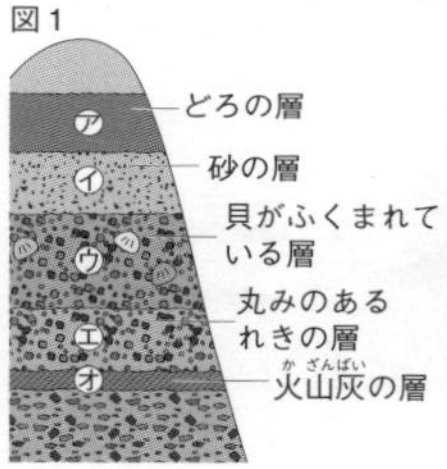

図2

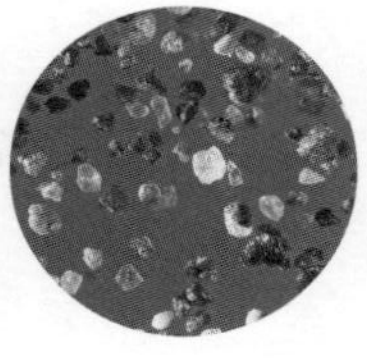

(1) 図2は、図1の㋐～㋔のうち、どの層からとったものを観察したようすですか。　（ ㋔ ）

(2) 図1の㋒で見られた貝のように、地層から見つかる、大昔の生物の体や生活のあとなどを何といいますか。　（ 化石 ）

(3) 次の①～④のうち、火山灰のつぶについて当てはまるものを2つ選び、○をつけましょう。

①（　）丸みのあるものが多い。

②（ ○ ）角ばっているものが多い。

③（ ○ ）ガラスのかけらのようなものがある。

④（　）とうめいなものはふくまれていない。

4 火山の噴火《ふんか》や地震《じしん》について、あとの問いに答えましょう。　1つ6〔18点〕

(1) 火山が噴火すると火口から流れ出る㋐を何といいますか。　（ よう岩 ）

(2) 地震のときに地表に現れることのある、㋑のような大地のずれを何といいますか。

（ 断層 ）

(3) 火山活動や地震によって、大地が変化することがありますか。　（ ある。 ）

もんだいのてびきは 32 ページ

実力判定テスト　学年末のテスト①

1 てこについて、あとの問いに答えましょう。 1つ5〔30点〕

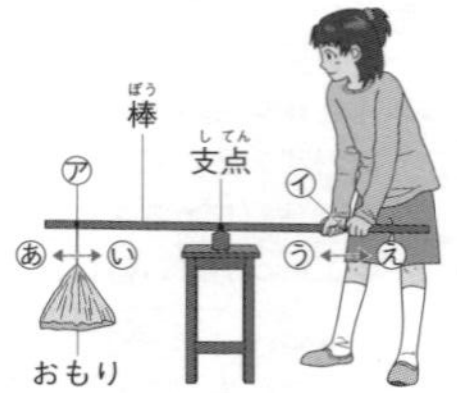

(1) ㋐、㋑の点をそれぞれ何といいますか。
㋐（　作用点　）㋑（　力点　）

(2) ㋐の位置を変えて手ごたえを小さくしたいとき、㋐、㋑のどちらに動かしますか。（　㋑　）

(3) ㋑の位置を変えて手ごたえを小さくしたいとき、㋒、㋓のどちらに動かしますか。（　㋓　）

(4) 次の①～④のうち、より小さな力でおもりを持ち上げることができるものを2つ選び、○をつけましょう。

①（　）支点から㋐までのきょりを長くする。
②（　○　）支点から㋐までのきょりを短くする。
③（　○　）支点から㋑までのきょりを長くする。
④（　）支点から㋑までのきょりを短くする。

2 次の図で、右のうでにおもりをつるして、てこを水平につり合わせるとき、表に当てはまる数字を書きましょう。 1つ6〔18点〕

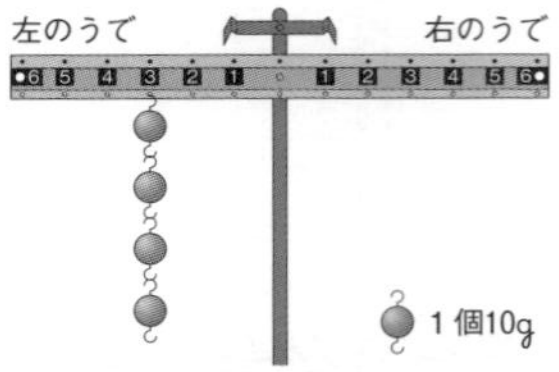

	左のうで	右のうで		
きょり	3	2	② 4	6
重さ(g)	40	① 60	30	③ 20

3 次の図の㋐で手回し発電機のハンドルを回したり、㋑で光電池《こうでんち》に光を当てたりすると、モーターが回りました。あとの問いに答えましょう。 1つ9〔18点〕

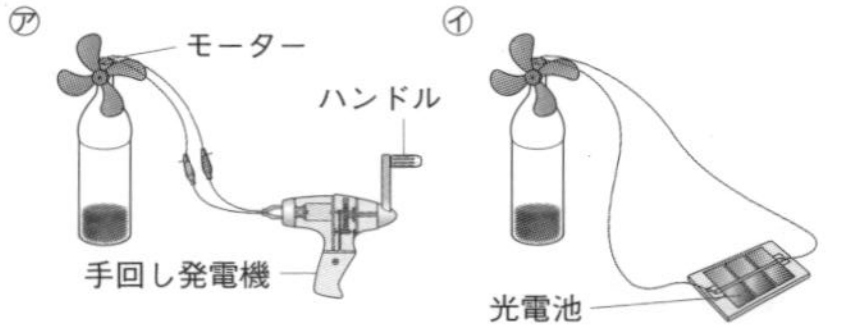

(1) ㋐で、ハンドルを逆向きに回すと、モーターはどうなりますか。（　逆向きに回る。　）

(2) ㋑で、光電池に強い光を当てると、モーターの回る速さはどうなりますか。
（　速くなる。　）

4 電気の利用について、あとの問いに答えましょう。 1つ8〔16点〕

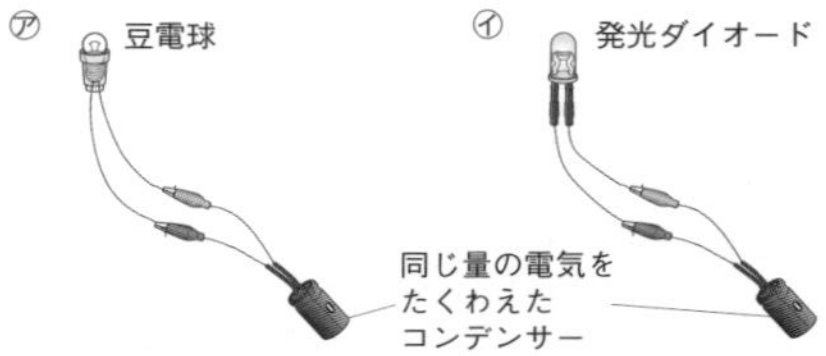

(1) 図の㋐、㋑のうち、長い時間明かりがついていたのはどちらですか。（　㋑　）

(2) 同じ時間明かりをつけたとき、豆電球に比べて、発光ダイオードが使う電気の量は多いですか、少ないですか。（　少ない。　）

5 次の文のうち、環境《かんきょう》を守るための取り組みの例として正しいものには○、まちがっているものには×をつけましょう。 1つ6〔18点〕

①（　×　）森林の木をたくさん切ったり燃やしたりする。
②（　○　）生活などで出たよごれた水を、下水浄化《じょうか》センターできれいにしてから川に流す。
③（　○　）こまめに電気を消したり、冷蔵庫を手早く開閉したりする。

実力判定テスト　学年末のテスト②

1 次の図のように、うすいでんぷんの液を試験管㋐、㋑に入れ、㋐には水、㋑にはだ液をしみこませた綿棒《めんぼう》を入れました。そして、㋐、㋑を約40℃の湯であたためた後、それぞれにヨウ素液を入れました。あとの問いに答えましょう。 1つ7〔28点〕

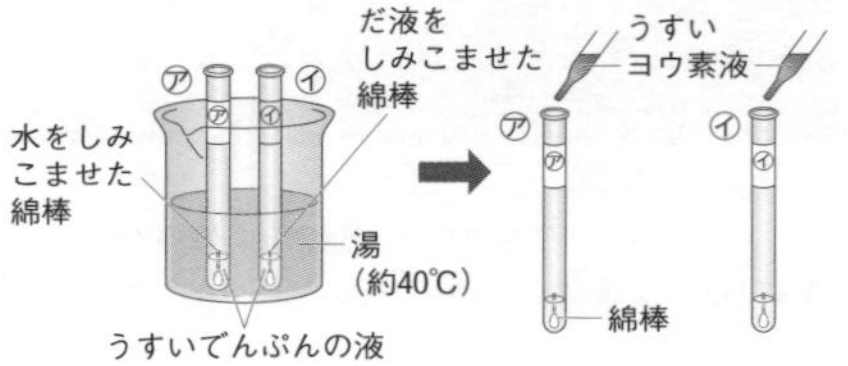

(1) それぞれの試験管にうすいヨウ素液を入れたとき、液の色が変化するのは、㋐、㋑のどちらですか。
（　㋐　）

(2) でんぷんがふくまれているのは、㋐、㋑のどちらですか。（　㋐　）

(3) だ液にはどのようなはたらきがありますか。
（でんぷんを別のものに変えるはたらき）

(4) 食べ物を体に吸収《きゅうしゅう》されやすいものに変えるはたらきを、何といいますか。（　消化　）

2 水中の生物どうしのつながりについて、あとの問いに答えましょう。 1つ8〔24点〕

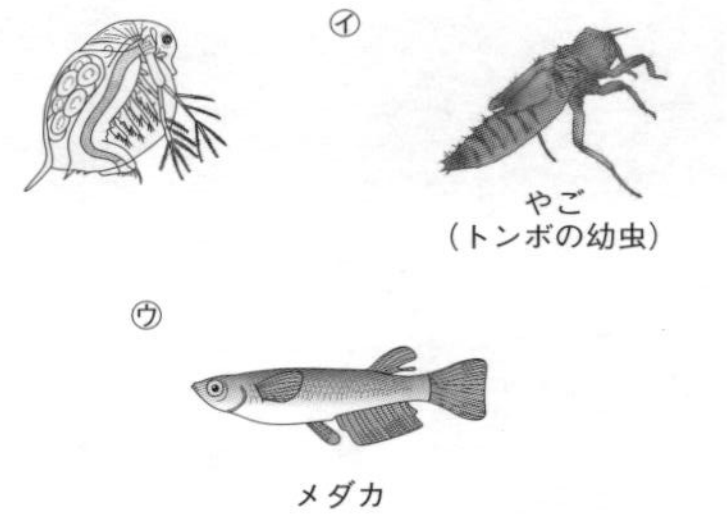

(1) ㋐の生物を何といいますか。（　ミジンコ　）

(2) ㋐～㋒の生物を、食べられる生物から食べる生物の順に並《なら》べましょう。
（　㋐　→　㋒　→　㋑　）

(3) 水中の生物に、食物連鎖《しょくもつれんさ》の関係はありますか。
（　ある。　）

3 次の図のような装置《そうち》を使い、水で土を水そうに流しこみました。しばらくして、もう一度同じように土を流しこみ、少し待って土の積もり方を調べました。あとの問いに答えましょう。 1つ9〔18点〕

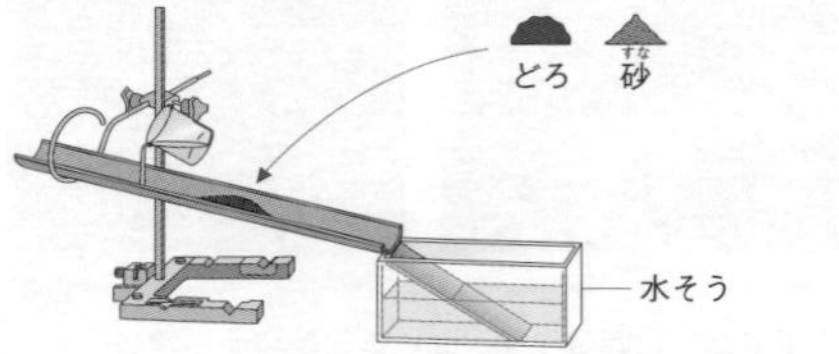

(1) つぶが大きいのは、どろと砂のどちらですか。
（　砂　）

(2) 2度めに土を流し、しばらくそのままにした後の水そうのようすを、㋐～㋒から選びましょう。
（　㋒　）

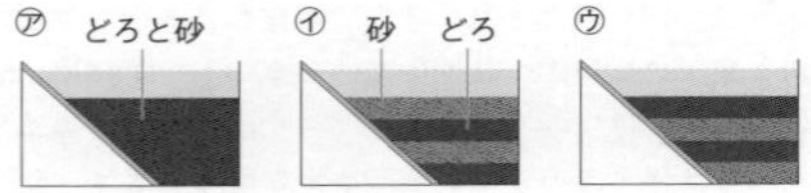

4 てこを利用した道具について、①～③に当てはまるものをそれぞれ㋐～㋕から2つずつ選び、記号で答えましょう。 1つ5〔30点〕

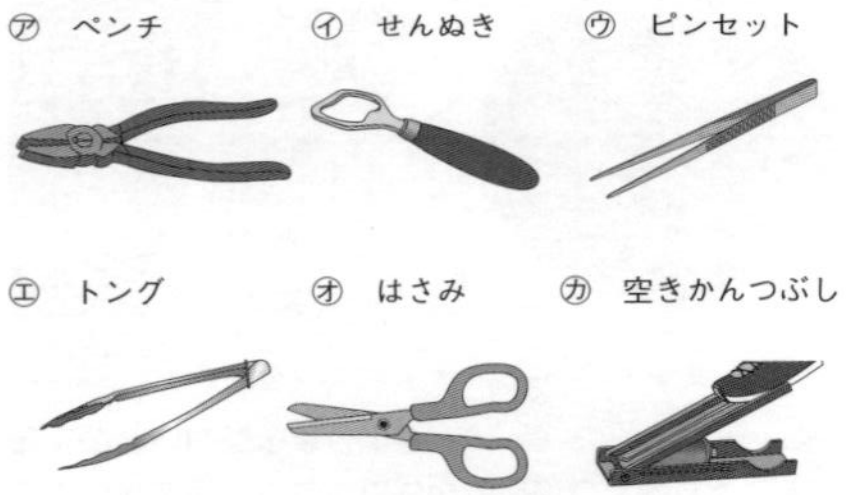

① 支点《してん》が力点《りきてん》と作用点《さようてん》の間にある道具
（　㋐　）（　㋔　）

② 作用点が支点と力点の間にある道具
（　㋑　）（　㋕　）

③ 力点が支点と作用点の間にある道具
（　㋒　）（　㋓　）

もんだいのてびきは 32 ページ

けんび鏡の使い方

1 けんび鏡の使い方について、次の①～③の□に当てはまる言葉を書きましょう。

いちばん低い倍率にする。①［接眼レンズ］をのぞきながら明るく見えるように反射鏡《はんしゃきょう》を動かす。

▶

ステージの上に②［プレパラート］を置き、クリップで留める。

▶

横から見ながら、③［調節ねじ］を回し、プレパラートを対物レンズに近づける。

▶

調節ねじを回して、対物レンズとプレパラートを遠ざける。ピントが合ったところで止める。

気体検知管の使い方

2 気体検知管の使い方について、次の(　)のうち、正しいほうを◯で囲みましょう。

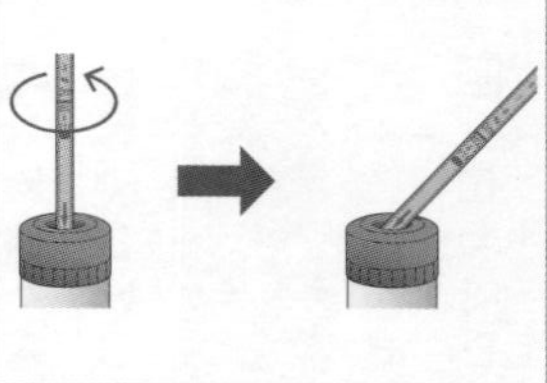

チップホルダで気体検知管の①(片方《かたほう》のはし　(両はし))を折り、ゴムのカバーをつける。

▶

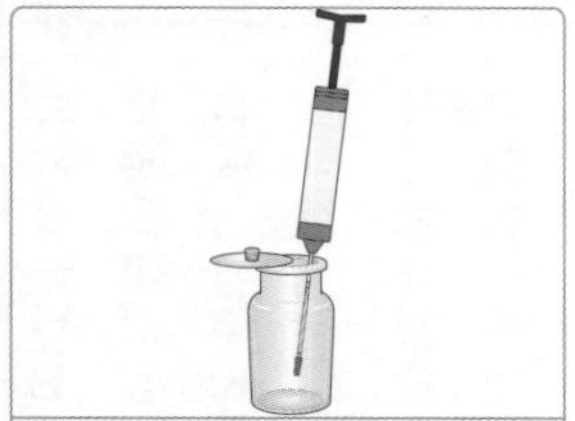

気体採取器に気体検知管を取りつけ、ハンドルを②(おして　(引いて))、気体を取りこむ。

▶

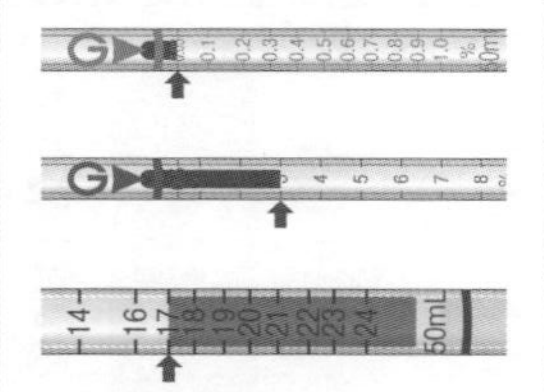

決められた時間がたったら、③((色)　温度)の変化したところの目盛《めも》りを読み取ると、体積の割合《わりあい》がわかる。

リトマス紙の使い方

3 リトマス紙の使い方について、それぞれ正しいほうに○をつけましょう。

① リトマス紙を取り出すとき

㋐(　　)

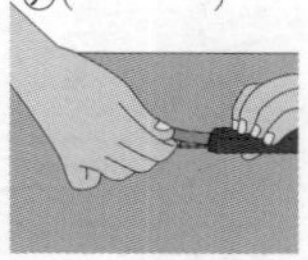

直接手で取り出す。

㋑(　○　)

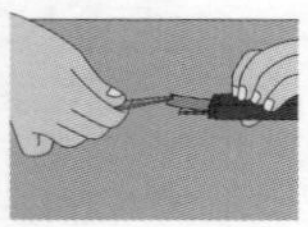

ピンセットで取り出す。

② 水よう液をつけるとき

㋐(　○　)

ガラス棒《ぼう》でつける。

㋑(　　)

水よう液の中に入れる。

実力判定テスト かくにん! 反比例

反比例

1 右の表で、yがxに反比例しているとき、①～③に当てはまる数字を書きましょう。

たいせつ

①2つの量x、yがあって、xの値《あたい》が2倍、3倍、…になると、yの値が$\frac{1}{2}$倍、$\frac{1}{3}$倍、…となるとき、yはxに反比例するといいます。

②反比例では、$x \times y$が決まった数になります。

ヒント

右の表ではxが2倍、3倍、4倍になっているので、①、②、③はそれぞれ$12\times\frac{1}{2}$、$12\times\frac{1}{3}$、$12\times\frac{1}{4}$と計算できます。

x	1	2	3	4
y	12	① 6	② 4	③ 3

(2倍、3倍、4倍 / $\frac{1}{2}$倍、$\frac{1}{3}$倍、$\frac{1}{4}$倍)

$x\times y$=12になっているので、2×□=12、3×□=12、4×□=12と計算してもいいよ。

2 次の図のように、てこの左のうでにおもりをつるし、てこが水平につり合うように、右のうでにもおもりをつるします。あとの問いに答えましょう。

	左のうで	右のうで					
きょり	3	1	2	3	4	5	6
重さ(g)	40	③ 120	④ 60	⑤ 40	30	×	⑥ 20

(2倍、3倍、6倍 / $\frac{1}{2}$倍、①($\frac{1}{3}$)倍、②($\frac{1}{6}$)倍)

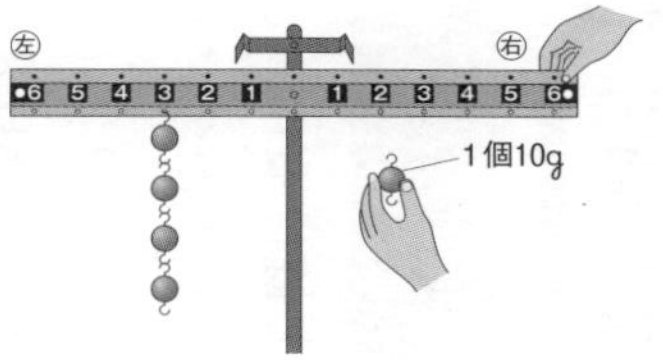

(1) 左のうでで、おもりの重さ×支点《してん》からのきょりは、いくつですか。　(120)

(2) ①、②の(　)に当てはまる数字を書きましょう。

(3) てこが水平につり合うとき、表の③～⑥に当てはまる数字を書きましょう。

もんだいのてびきは 32 ページ

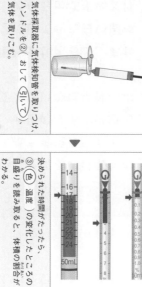

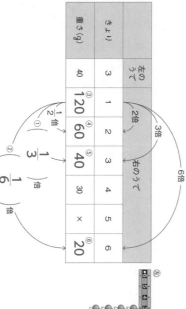

実力判定テスト もんだいのてびき

夏休みのテスト①

1 (3)(4)ろうそくが燃え続けるには、新しい空気が入って、燃えた後の空気が外に出ていく必要があります。空気が入れかわり、新しい空気にふれることで、ものが燃え続けます。

2 酸素にはものを燃やすはたらきがあるので、酸素を入れたびんに火のついたろうそくを入れると、激しく燃えます。しかし、ちっ素や二酸化炭素には、ものを燃やすはたらきがないので、火のついたろうそくをびんの中に入れると、すぐに火が消えます。

4 はき出した息には、吸う空気よりも多くの二酸化炭素がふくまれています。そのため、はき出した息を入れたポリエチレンのふくろに石灰水を入れてふると、石灰水は白くにごります。

夏休みのテスト②

3 植物の葉は日光に当たるとでんぷんをつくることができます。㋐の葉を調べたのは、日光を当てる前の葉にはでんぷんがないことを確かめるためです。

冬休みのテスト①

2 青色のリトマス紙を赤色に変えるのは酸性の水よう液、赤色のリトマス紙を青色に変えるのはアルカリ性の水よう液、赤色のリトマス紙も青色のリトマス紙も色を変えないのは中性の水よう液です。

4 アルミニウムにうすい塩酸を加えると、あわを出してとけます。操作2で出てきた白い固体にうすい塩酸を加えると、あわを出さずにとけます。見た目やうすい塩酸を加えたときの変化のしかたがちがうので、アルミニウムと白い固体は別のものであることがわかります。

冬休みのテスト②

1 月は、太陽の光を受けてかがやいているので、月のかがやいている側には太陽があります。月の見える形は、地球から見たときの月と太陽の位置関係によって決まります。月は、太陽に近い側にあるほど細く見え、太陽から遠い側にあるほど満月に近い形に見えます。

3 図2は、火山灰を観察したものです。火山灰は、火山のはたらきによってできた地層にふくまれています。

学年末のテスト①

1 てこは支点から作用点までのきょりを短くしたり、支点から力点までのきょりを長くしたりすると、小さな力で作業ができます。

2 てこのうでをかたむけるはたらきは、おもりの重さ×支点からのきょりで表すことができます。左右のうでをかたむけるはたらきが等しいとき、てこは水平につり合います。図では、左のうでをかたむけるはたらきが、40×3＝120となっているので、右のうでをかたむけるはたらきが120のとき、てこが水平につり合います。

①□×2＝120　□＝60

②30×□＝120　□＝4

③□×6＝120　□＝20

学年末のテスト②

1 ㋑は、だ液のはたらきででんぷんが別のものに変わっています。

3 砂とどろでは、つぶの大きい砂が下に積もり、その上にどろが積もります。

かくにん! 実験器具の使い方

1 けんび鏡はアームをにぎって両手で運ぶ、日光が直接当たる場所ではけんび鏡を使わないなど、正しく使うようにしましょう。

かくにん! 反比例

2 てこのうでが水平につり合っているとき、おもりの重さは、支点からのきょりに反比例していて、おもりの重さ×支点からのきょりは、決まった数になります。問題の表では40×3＝120が決まった数です。

6 5 4
D C B A